Introducción a la España medieval

Sección: Humanidades

Gabriel Jackson:
Introducción a la España medieval

El Libro de Bolsillo
Alianza Editorial
Madrid

Esta obra ha sido publicada por primera vez
por Thames & Hudson, Londres,
bajo el título *The Making of Medieval Spain*

Traducción: Javier Faci Lacasta

Primera edición en «El Libro de Bolsillo»: 1974
Novena reimpresión en «El Libro de Bolsillo»: 1996

© 1972 Thames & Hudson Ltd., Londres
© Ed. cast.: Alianza Editorial, S. A., Madrid, 1974, 1978, 1979, 1981,
1983, 1985, 1988, 1991, 1993, 1996
Calle Juan Ignacio Luca de Tena, 15; 28027 Madrid; teléf. 393 88 88
ISBN: 84-206-1555-2
Depósito legal: M. 21.392/1996
Impreso en Fernández Ciudad, S. L.
Catalina Suárez, 19. 28007 Madrid
Printed in Spain

Para Kate y
Rachel

Siempre he pensado que el aspecto más significativo, con mucho, de la historia medieval de España es la constante interpenetración de las tres culturas diferentes presentes en la Península: la islámica, la hebrea y la cristiana. En ninguna otra parte del mundo ha tenido lugar una lucha tan prolongada, una simbiosis y una influencia mutua tan considerable entre las tres grandes tradiciones religiosas del mundo occidental. En una obra reducida hay que dejar inevitablemente de lado muchas cuestiones importantes, y de manera consciente he preferido ocuparme de la cultura, en vez de hacer una detallada narración de la historia política y diplomática. También he intentado trazar paralelamente los principales rasgos históricos de la España islámica y de la cristiana, en vez de concebir dos historias «nacionales» independientes en las dos mitades de la España medieval.

Gran parte de mi trabajo de investigación fue llevado a cabo durante el curso académico 1967-68, gracias a una beca del «American Council of Learned Societies», y otra beca del Instituto de Humanidades me permitió acometer la redacción durante el verano de 1970. Debo muchas ideas importantes y sugerencias bibliográficas a varios colegas: a J. M. Lacarra, de la Universidad de Zaragoza; a C. J. Bishko, de la Universidad de Virginia; a William Watson, de la MIT, y a Guillermo Céspedes y James T. Monroe, de la Universidad de California en San Diego.

Septiembre de 1970
La Jolla, California

1. Los siglos de dominación islámica

La conquista de España por los musulmanes se produjo con extraordinaria rapidez. Entre 711 y 718, varias expediciones sin gran coordinación entre sí, con un número de soldados no superior a veinticinco mil, consiguieron, con muy pocas batallas en campo abierto, conquistar toda la Península, a excepción de las partes más montañosas del noroeste. No conocemos con exactitud los detalles políticos ni militares, pero se pueden reconstruir las líneas maestras del proceso gracias a evidencias parciales. La monarquía visigoda se había visto minada durante mucho tiempo por las rivalidades familiares. Para una considerable proporción de la población hispana, el rey don Rodrigo, que murió en la batalla de Guadalete, era un usurpador y los invasores norteafricanos habían llegado a petición de los partidarios del pretendiente legítimo, Aquila. Por si fuera poco, la monarquía nunca había conseguido una total unidad política y religiosa.

En general, las poblaciones levantina y andaluza, que habían sido las más fuertemente romanizadas y también las más influidas por la presencia bizantina, eran cris-

tianas atanasianas (trinitarias) y estaba muy arraigada
en ellas la idea de una realeza hereditaria y fuerte. Según la tradición visigoda, la realeza había sido en un
principio electiva, aunque se habían llevado a cabo
esfuerzos considerables para establecer una sucesión hereditaria. Hasta la espectacular conversión de Recaredo
en 587, sus reyes habían sido cristianos arrianos, y
aunque en el siglo VII España se había convertido oficialmente al credo católico, la corriente arriana seguía
siendo fuerte, asociada como estaba con la herencia nacional de los visigodos. Desde el punto de vista político,
ni la resistencia sueva en Galicia ni la vascona en los
Pirineos ni el espíritu independiente de las más antiguas ciudades hispano-romanas de Andalucía y Levante
llegaron a ser eliminadas por completo.

La autoridad legal y administrativa de los reyes visigodos dependía del apoyo de los concilios de la Iglesia, y los obispos que se reunían en los concilios tenían
claramente sus propias ambiciones personales y familiares. Da también la impresión de que se fue endure-
ciendo la persecución contra los judíos, que formaban
el contingente mayor de las clases mercantiles y arte-
sanas. Por eso, al solicitarse la intervención del califa
de Damasco, sus tropas fueron favorablemente acogidas
por gran parte de la aristocracia dominante y por los
judíos; y la mayor parte de la población hispano-romana, rural y urbana, no llegó a sentir ninguna lealtad
hacia una monarquía unificada, ni el fuerte sentimiento
de unidad religiosa que hubieran podido provocar una
resistencia nacional frente al invasor islámico.

Las tropas de Tariq y Muza ocuparon rápidamente
las principales ciudades de Andalucía. Durante los siete
años siguientes, tanto por medios diplomáticos como
militares, fueron controlando toda la Península, a excepción de las zonas más montañosas, escasamente po-
bladas y de poca riqueza. Durante la década de 720,
no haciendo caso de Asturias ni de la mayor parte
de Galicia, se lanzaron más bien a ampliar su ocupación por la parte meridional de Francia. El punto cru-
cial de su avance se sitúa en 732, en que se produjo

su derrota en Poitiers frente a Carlos Martel, pero a lo largo del siglo VIII continuaron haciendo incursiones ocasionales contra las ciudades francesas de la costa Mediterránea.

La rapidez de la conquista islámica debe de atribuirse principalmente a la desunión de los gobernantes visigodos y a la indiferencia, y aun hostilidad, de la gran masa de la población hispano-romana. Los invasores, por su parte, no intentaron alterar la sociedad que encontraron. Las ciudades hispano-romanas, a pesar de su decadencia, y los grandes latifundios de la nobleza visigoda eran más ricos que los del Magreb. Los visigodos que habían apoyado la invasión conservaron sus propiedades, y las tierras expropiadas a los partidarios de Rodrigo fueron repartidas entre los jefes militares islámicos, que no introdujeron cambios inmediatos en el sistema de cultivo y que se ganaron el apoyo de la población local mejorando las condiciones de la aparcería. Hubo muy poca propaganda y ningún tipo de presión violenta para obtener conversiones. La mayor parte de las tropas norteafricanas eran semipaganas, y los jefes árabes, que ya en los cincuenta años anteriores habían ocupado tierras con grandes contingentes de cristianos, eran especialmente tolerantes para con los «pueblos del libro», judíos y cristianos, cuya religión revelada y textos sagrados eran respetados por ellos como precedentes de la revelación final: la de Alá y su profeta Mahoma.

Los mismos invasores musulmanes no formaban tampoco un todo homogéneo. Dentro de los grupos dirigentes existían susceptibilidades mutuas entre árabes, sirios y egipcios, y ninguno de ellos podía confiar con seguridad en la lealtad de sus tropas, en su mayoría compuestas por beréberes. Más de un jefe militar, demasiado ambicioso, fue ejecutado por excederse en el mando. Entre 732 y 755, el Califa tuvo que nombrar nada menos que veintitrés gobernadores para España. El viaje desde Damasco a Sevilla o Córdoba costaba por término medio unos cuatro meses, y las vías de comunicación estaban constantemente amenazadas por las

rebeliones locales del Norte de Africa. Dentro de la
Península, los grupos étnicos rivales se asentaron por
separado en las zonas escogidas por cada uno: los árabes, en el valle del Guadalquivir; los sirios, en Granada; los egipcios, en Murcia, y los beréberes en las
zonas montañosas de Andalucía y en las altiplanicies
de Extremadura y del centro. Los invasores se apoderaron en todas partes de las mejores tierras y de los
puestos de gobierno, pero a excepción de los beréberes,
contaban con un escaso número de individuos. Se fue
desarrollando un profundo espíritu de autonomía, resultado de la combinación de las rivalidades entre las
élites invasoras con el profundo espíritu de soberanía
local, que había limitado la efectividad tanto del gobierno romano como del visigodo. El hambre tremenda
que azotó a la España central hacia 750 hizo volver
a Africa a miles de beréberes.

Sin embargo, en estos cuarenta años de conflictos
civiles y confusión administrativa, la conquista musulmana no corrió en ningún momento peligro. El derroca-
miento del califato omeya de Damasco y su sustitución
por el gobierno abasí, contribuyó de manera indirecta
al establecimiento de un sistema político más estable
en España. En el año 756 llegó a España un inteligente
príncipe omeya que había sobrevivido milagrosamente
a la matanza de su familia en Siria, junto con unos
pocos consejeros con experiencia militar y política ad-
quirida en tiempo de los omeyas. Abd-al-Rahman I
(756-788) debió de poseer un considerable magnetismo
personal para transformar la dudosa ventaja que suponía su origen familiar en una baza política real. En-
frentando entre sí, con pleno éxito, a los diferentes y
poderosos regímenes locales, y combinando la «legitimidad» de sus pretensiones con el reclamo de una virtual independencia hispánica bajo un régimen omeya,
que sería capaz de hacer frente a las pretensiones centralizadoras del califa abasí, consiguió fundar el Emirato
de Córdoba. La elección de esta capital se debió a su
situación central con respecto a las principales ciudades de la España islámica, a la riqueza agrícola de su

«hinterland» y quizá también al número relativamente
reducido de población cristiana.

A pesar de que en ningún momento de su reinado
dejaron de producirse revueltas locales, fue capaz de
poner las bases de una administración central, que, de
un modo u otro, funcionaría durante dos siglos y medio.
En el momento de su muerte, ocurrida en el 788, controlaba toda la parte oriental de España al sur de los
Pirineos, a excepción de Navarra. Hacia el Oeste, su
soberanía efectiva comprendía todas las tierras situadas
al sur del Duero. En la medida de lo posible, fue partidario de una política de tolerancia con respecto a
los diferentes grupos étnicos y religiosos e intentó re-
conciliar a las diferentes facciones que habían ocupado
el poder durante los años de anarquía anteriores al 756.
Sin embargo, se mostró implacablemente duro cuando
fracasó la conciliación. Por ejemplo, tras derrotar una
revuelta pro-abasí en el año 763, envió a Damasco las
cabezas de sus líderes conservadas en sal y alcanfor,
y se dice que el califa Chafar al-Mansur expresó su
inmensa satisfacción por la existencia de un ancho mar
entre él y el emir omeya.

Hacia el final de su reinado, Abd-al-Rahman había
formado un ejército profesional que constaba de unos
40.000 hombres, con una oficialidad de sirios y beréberes y compuesto en su mayor parte de beréberes del
norte de Africa y eslavos traídos de Europa oriental
Se había independizado económicamente de Damasco
adoptando los pesos y medidas romanos tradicionales
en el comercio hispánico y acuñando sus propios dina
res de oro. Carecemos de estadísticas del volumen de
comercio del siglo VIII, pero parece que Córdoba desempeñó un papel predominante en las relaciones comerciales con Europa, dado que el sistema financiero
carolingio fue reformado en 780, sobre la base de una
moneda que pesaba precisamente la mitad del dinar
cordobés. Abd-al-Rahman inició también la construcción de la Gran Mezquita de Córdoba, que ya en 785
contaba con capacidad para cinco mil fieles.

Desde el momento de la conquista hasta casi el final del siglo VIII, la España cristiana estaba reducida a dos núcleos, un pequeño reino rural en las montañas asturianas y un reino vascón, todavía más reducido, en las proximidades de Pamplona. Los primeros reyes de Asturias y de Navarra eran pastores ricos y al mismo tiempo jefes de grupos de guerrilla. Carecían de una administración y un ejército regulares. Empleaban las monedas cordobesas, bizantinas o carolingias como medidas de valor, pero en la práctica realizaban todo su comercio a base de trueque. Solamente una minoría del clero poseía una cierta ilustración, y toda la cultura se reducía al estudio de los Padres de la Iglesia romanos y visigodos. Alfonso I de Asturias (739-757) creó, por motivos políticos, una amplia faja desértica de separación entre su reino y los musulmanes. La población de las antiguas ciudades romanas, como Túy, Astorga y León, fue deliberadamente trasladada al norte de la cordillera cantábrica. Teóricamente, la Iglesia hispana se mantenía unida bajo la dirección del metropolitano de Toledo, pero la monarquía asturiana no veía con agrado la subordinación a una jerarquía eclesiástica que se encontraba bajo el dominio musulmán, y la controversia adopcionista (una secuela de la antigua herejía arriana), dio a Alfonso II (791-842) la oportunidad, en 795, de declarar la independencia eclesiástica frente a la sometida iglesia visigótica.

Mientras tanto, el Imperio carolingio intentaba extenderse al otro lado de los Pirineos. Una expedición contra Zaragoza, en 778, terminó en un desastre, tanto para los cristianos de la capital que se habían rebelado ante la proximidad del ejército carolingio como para el mismo ejército, que sufrió en su retirada por los Pirineos una emboscada preparada por los navarros, quienes se oponían con igual ardor a las pretensiones de Carlomagno que a las del emir. Ambas orillas del Ebro permanecieron bajo control musulmán durante otros dos siglos, pero se establecieron pequeños principados francos en la Alta Cataluña y en los valles pirenaicos: Gerona, en 785; Urgel, en 789; Pallars y Ribagorza,

hacia 808, y Barcelona, hacia 812. Todos estos pequeños condados constituyeron en su conjunto la «marca
Hispánica» del Imperio carolingio. Alejados del centro
del poder franco y situados en una frontera peligrosa,
estos condados gozaron de una considerable autonomía.
Por ejemplo, Carlomagno otorgó a Barcelona unos privilegios excepcionales: la prestación del servicio militar solamente a su propio conde, la administración de
su propia justicia, excepto en casos de asesinato, se-
cuestro e incendio premeditado; el no tener que acoger
a otros funcionarios reales más que a los *missi,* cuyas
visitas eran ocasionales, y la prestación del homenaje
feudal al conde sin necesidad de pagar ninguna tasa
o tributo. Estos privilegios fueron el comienzo efectivo
de una larga tradición de autonomía en el gobierno interno de Cataluña. Al mismo tiempo, el clero de todos
estos condados estaba sometido a la disciplina del arzobispado de Narbona, y los cambios en la organización
monástica franca se extendieron a la marca Hispánica.
De esta manera, la naciente Cataluña cayó bajo la ór-
bita cultural y política franca, mientras que Asturias
y Navarra mantenían su independencia y su carácter
más primitivo.

Durante los siglos ix y x, el emirato (y desde 929 el
califato) de Córdoba fue indudablemente la organización
social dominante en la península hispánica. Esta sociedad
se caracterizó por una singular combinación de prosperidad económica, eficaz administración, prácticas políticas arbitrarias y crueles en ocasiones, tolerancia religiosa
y racial y una constante tensión entre las influencia culturales orientales e hispánicas. La prosperidad económica
de al-Andalus, por lo que sabemos, se basaba en una
variada mezcla de agricultura, industria y comercio. En
el campo de la agricultura, los nuevos dueños introdujeron solamente unos cambios mínimos en el sistema de
propiedad de las tierras, sustituyendo a una parte de la
aristocracia visigoda por sus propios jefes militares. Pero
mientras bajo el dominio visigodo el campesinado había
soportado una condición de cuasi-esclavitud, teniendo que
entregar a los señores del 50 al 80 por 100 de las co-

sechas, los musulmanes trataron a los campesinos como libres, exigiéndoles solamente entre el 20 y el 50 por 100 de sus productos.

Casi tan importante como esta mejora en las condiciones de reparto de las cosechas fue su nueva actitud con respecto a la tierra. Los árabes, que provenían del desier-

Mapa 1. España a comienzos del siglo IX

to, eran grandes amantes del agua, de los jardines y de los árboles. Tanto ellos, como los norteafricanos islamizados, encontraron en los valles de los ríos andaluces el tipo de clima que en sus países sólo se podía encontrar en algunos oasis. La generación de los conquistadores era, en su mayoría, de una cultura inferior a la de los hispano-romanos que súbitamente se habían convertido en sus súbditos. En el curso de los siglos IX y X, la clase dirigente de Andalucía fue adoptando de manera progresiva las prácticas tanto estéticas como económicas, del Oriente Medio, que constituía el núcleo de la civilización musulmana. El trigo era el principal cereal producido, y aunque hubo algunas hambres ocasionales de tipo local, como consecuencia de las guerras o de las plagas, la España Islámica produjo en general excedentes cerealísticos. Los olivos y los bosques alcanzaron una extensión mayor que en ningún otro momento de la história peninsular. Se trajeron de Oriente para implantar en la Península los cítricos, melocotones, plátanos, almendros e higos, e igualmente importantes cultivos comerciales como el algodón, la seda, el azafrán, el esparto, el lino, el cáñamo y la lana. Al mismo tiempo, aunque los musulmanes estrictos no comían carne de cerdo, éstos se siguieron criando en las mismas zonas que en la época romana y visigoda.

El Profeta había demostrado amor por las palomas y las abejas, y su ejemplo fue seguido incluso por los más modestos agricultores de al-Andalus. El asno, que procedía originariamente de Egipto, aumentó en grado considerable la capacidad productiva de los que lo poseían. Se adoptaron con prontitud las mejoras técnicas de irrigación del Oriente Medio y de Egipto, lo mismo que el empleo de los árboles con fines estéticos. Los musulmanes españoles tuvieron siempre en cuenta tanto los elementos económicos como los estéticos dentro del entorno natural, como se ve en el cuidado puesto en la elección del emplazamiento de las casas y ventanas, para sacar el mayor partido posible al paisaje. Sería una exageración decir que los musulmanes españoles amaron la naturaleza con la misma intensidad que los románticos del siglo XIX europeo, pero no cabe duda de que valoraron las posibilidades que les ofrecía su entorno.

Durante los siglos IX y X tuvo también lugar un considerable desarrollo industrial: la cerámica, los utensilios y objetos decorativos en todo tipo de metales, los productos de cuero, artesanía de marfil, muebles y perfumes eran producidos por cientos de artesanos, que trabajaban bien individualmente, bien en pequeños grupos en las muchas ciudades de la España Islámica. En la producción de tejidos, armas y colorantes existía una organización mercantil a un nivel superior. El cristal de roca fue un descubrimiento cordobés del siglo IX, y había minas de hierro, mercurio y sal gema explotadas por capitalistas particulares y no por el Estado como había ocurrido en la época romana. El tráfico comercial se incrementó incesantemente, sin que se viera interrumpido, por lo que sabemos, por las casi constantes guerras civiles de al-Andalus o por las escaramuzas fronterizas con los cristianos. La España musulmana exportaba productos textiles, aceite de oliva y armas a Africa del Norte, a cambio de lo cual tenía el monopolio virtual de las importaciones europeas de oro sudanés. Este contingente de oro servía para financiar el ambicioso programa de construcciones y el constante crecimiento del ejército permanente cordobés. Al Oriente Medio se exportaba aceite y oro, y a cambio la España musulmana recibía especias, productos artesanales y manufacturas. La España cristiana constituía en un principio un mercado restringido, pero se convirtió, por lo menos desde finales del siglo X, en el mercado más importante tanto para la industria andaluza como para la re-exportación de los productos suntuarios orientales.

España desempeñó también un papel importante en el comercio internacional de la época carolingia. En especial, el comercio de esclavos de la Europa oriental, muchas veces prisioneros de los ejércitos carolingios, pasaba a través de la España cristiana contribuyendo ampliamente al desarrollo de Barcelona y en menor medida al de Pamplona. La esclavitud, entonces como siempre, parece que hacía distinciones basadas en el color de la piel. A comienzos del siglo X, una refinada esclava negra debía de costar entre 150 y 300 dinares, mientras que un esclavo blanco sin ninguna preparación costaba unos 1.000 dinares. Los esclavos más caros eran los artesanos especializados y los cantores, que en algunas ocasiones especiales podían llegar a superar los 10.000 dinares. La Francia carolingia tuvo una gran admiración por la variedad y esplendor de la economía cordobesa. También el mundo musulmán la admiraba. Los viajeros de los siglos IX y X procedentes de Egipto y del Magreb hicieron notar la prosperidad y el espíritu independiente de los artesanos hispanos, la relativa ausencia de pobreza y la alta proporción de asnos y caballos que ahorraban trabajo humano.

Desde el punto de vista administrativo, la España musulmana estaba dividida en unas treinta circunscripciones, con alteraciones especiales y frecuentes en aquellas que limitaban con los reinos cristianos del norte. La diversidad económica y la gran importancia del comercio trajeron consigo el dominio de las ciudades sobre el campo, como había sucedido en tiempos romanos, en contraste con el sistema feudal, predominantemente rural, que se estaba desarrollando al mismo tiempo en la vecina Francia. El emir nombraba y deponía a los gobernadores provinciales a voluntad. Generalmente eran elegidos entre los miembros de familias preeminentes, en especial en las provincias fronterizas, pero los emires intentaron impedir el desarrollo de todo tipo de casta gobernante, y empleaban a hombres de talento sin preocuparse para nada de su origen étnico. El linaje tenía sin embargo su importancia. En especial durante el siglo IX, en que se adoptaron conscientemente las influencias orientales, el origen árabe o sirio gozaba de un considerable prestigio, hasta tal punto que muchos ambiciosos musulmanes españoles se fabricaron genealogías árabes. Pero los emires, en la medida en que pudieron, mantuvieron todos los altos cargos de gobierno «abiertos al talento» y a su arbitrario poder de designación.

El emir tenía también un consejo asesor, compuesto por una docena de visires, poco más o menos, especializados en cuestiones como las finanzas, el comercio, la justicia, la diplomacia y la guerra. También éstos eran designados a voluntad del emir, pero no tenían por qué ser meros comparsas. Sin embargo los funcionarios que tenían un mayor grado de independencia eran los cadíes, o jueces municipales, que se ocupaban de todo tipo de casos relacionados con las personas, la propiedad, el comercio y los impuestos. Eran elegidos teniendo en cuenta su cultura y su integridad personal; frecuentemente su función era de hecho, aunque no de derecho, vitalicia, y tenían poder suficiente como para defender a los súbditos ordinarios de las más duras exacciones de los señores, los mercaderes y los altos funcionarios.

También dependía principalmente de los cadíes el mantenimiento de la pureza de la moneda, de los pesos y medidas, el alquiler de los puestos de los mercados y de los locales dedicados a almacenes. La proporción de no musulmanes en el total de la población era probablemente mayor que en ningún otro lugar del mundo islámico. Siguiendo las tradiciones musulmanas, las comunidades cristianas y judías conservaron su propia organización, con sus sacerdotes y rabinos. Existían tribunales de justicia independientes para los asuntos familiares y de negocios. Administraban sus propios templos y sus escuelas comunitarias. E incluso la suma de diferentes impuestos que recaían sobre los no musulmanes en sustitución del servicio militar se dividía entre las comunidades y era recaudada en cada una de ellas por sus propios funcionarios.

Mientras, la administración, en especial la municipal, era muy capaz, el sistema político de base era extremadamente arbitrario e inestable. Los emires tendían a acumular en sus manos todo el poder supremo tanto político como religioso, y el califato, proclamado en 929, tuvo claramente un carácter césaro-papista. En el Islam, como en la religión cristiana, se produjeron desde su aparición desviaciones heréticas que suponían con frecuencia un ataque tanto a la autoridad política como a la religiosa. El emir Hisham I (788-796) adoptó como doctrina oficial de la España Islámica la ortodoxia malequí. El famoso jurista árabe Malik ibn Anas, había sido un declarado enemigo de todo tipo de especulaciones filosóficas y religiosas. De manera violenta abogaba por «un estricto respeto» al Corán y a la doctrina del Profeta, y fue el creador de una tradición conservadora, irracional y anti-especulativa, que fue empleada por Hisham y todos sus sucesores como un medio para afianzar la autoridad real. Este predominio de la ortodoxia malequí trajo consigo, como una de sus consecuencias, la relativa pobreza de la literatura filosófica islámica en la misma España.

2. Artesanía musulmana. Página de un *Corán*, pintado hacia el año 1000.

La sucesión en el emirato, a diferencia de todas las demás altas magistraturas, era hereditaria, pero la primogenitura no era imprescindible. El emir intentaba, en principio, disponer la sucesión en favor del más capaz de sus hijos, aunque este tipo de decisiones se veía dificultado en gran medida por las prácticas poligámicas. La ley islámica autorizaba a cada hombre a tener cuatro mujeres legales y todas las concubinas que le permitiera su nivel económico. En la desarrollada sociedad urbana de al-Andalus, la poligamia constituía una forma de «consumo visible» desempeñado sólo por la más alta aristocracia. Pero la mayor parte de los emires tenían varias docenas de hijos, de diferentes madres. Una gran parte de la energía de los visires se iba en aplacar o explotar las fuertes rivalidades internas de tipo familiar, y los eunucos llegaron a ser muy importantes como espías, guardianes e intermediarios en esta política de harén.

De las fuentes literarias árabes podemos obtener una descripción muy detallada de las influencias personales y políticas en torno a la figura del emir Abd al-Rahman II (822-852), gobernante de gran inteligencia, gran constructor y esteta e imitador consciente de la cultura del califato de Bagdad. En el primer año de su reinado acogió con placer en Córdoba al famoso poeta y músico Ziryab, que había sido desterrado de Bagdad. Ziryab aportó una serie de conocimientos sobre cocina oriental, perfumes, cosméticos y tejidos de seda, que hasta aquel momento eran casi desconocidos en esta frontera occidental del Islam, relativamente poco refinada. En su calidad de consejero principal del emir en cuestiones culturales, introdujo también las formas protocolarias orientales, según las cuales sólo sus súbditos principales podían ver al soberano. Su influencia fue decisiva en la introducción de la cristalería (inventada en España) en sustitución de los vasos de oro y plata que se habían empleado anteriormente en los grandes banquetes oficiales. Fue él también el que estableció un orden determinado en los menús: sopa, seguida luego de la carne, y finalmente los dulces. Su estilo poético y musical marcó la tónica artística en Córdoba durante treinta y cinco años, hasta su muerte

ocurrida en el año 857, y en su calidad de confidente
del emir tuvo el derecho de acceso a las estancias reales
a través de un pasadizo secreto.

3. Detalle de un co-
frecillo de marfil (ha-
cia 970): una persona
importante viajando
con gran pompa. Uno
de los pocos ejemplos
de representación de
la vida humana en el
arte musulmán.

Probablemente la figura política de más relieve en la
corte de Abd al-Rahman II fue el eunuco hispano-musulmán Abul Fath Nasr, que había jugado un destacado
papel en la defensa de Sevilla contra los normandos en
el 844. Nasr llegó a ser *de facto* el jefe de toda la administración de palacio y el hombre cuya opinión era fundamental para todo aquel que quisiera influir directamente sobre el emir. La tercera figura clave fue la amante

favorita del emir, Tarub, a la que hacía costosos regalos y dirigía poemas muy halagadores, aunque no muy imaginativos. Tenía por lo menos otras seis concubinas, que ejercían cierta influencia personal sobre él, además de darle hijos. Pero parece ser que Tarub gozaba de una ascendencia especial, aunque no consiguió, al parecer, convencerle para que transmitiera la herencia del trono a su propio hijo, en vez de a un príncipe de más edad nacido de otra madre. Desesperada, intentó, de acuerdo con Nasr, envenenar al emir y a Muhammad, el presunto heredero. Abd al-Rahman fue prevenido a tiempo y forzó a Nasr a beber el veneno que el valido le había ofrecido como una supuesta bebida medicinal. Según las crónicas árabes, Tarub no sufrió ningún castigo, y de hecho volvió a intentar sin éxito obtener la sucesión para su hijo durante los últimos momentos de la larga enfermedad del emir.

Una cuarta personalidad de gran influencia durante los primeros años de reinado del emir fue el teólogo ortodoxo Yahya ibn Yahya. El había fomentado las revueltas religiosas durante el reinado de al-Hakam I (796-822). Todos los nombramientos de jueces y de consejeros religiosos tenían que contar con la aprobación de Yahya, y quizá se debe a su constante labor crítica sobre los funcionarios públicos el que en un reinado de treinta y cinco años fueran nombrados once cadíes en Córdoba, cifra muy alta si se tiene en cuenta que el cargo de cadí lo desempeñaban durante largos períodos de tiempo hombres de reconocido prestigio. Dada la escasez de la documentación no se puede llegar a conclusiones claras sobre el exacto alcance de la influencia de las concubinas, de los teólogos, de los eunucos o de los poetas; pero lo que es absolutamente evidente es el carácter arbitrario del poder en la cumbre del gobierno hispano-musulmán. Lo podía ejercer directamente un emir fuerte, junto con los colaboradores libremente elegidos por él, durante el tiempo en que aquéllos gozasen de su favor. Y en el caso de un emir débil, un príncipe autoritario o un funcionario de palacio, libre o esclavo, podía ejercer igualmente un poder arbitrario en nombre del emir.

Los cristianos del norte, al igual que los historiadores del siglo XIX, como Reinhard Dozy e Ignace Goldziher, y los actuales historiadores de la España musulmana, quedaron fascinados por esta combinación de elevada cultura y de inestabilidad política, característica de los reinos musulmanes. Eran los emires quienes, con un espíritu discriminatorio, patrocinaban todos los aspectos del arte y de la tecnología. Se mostraron tolerantes y flexibles con las amplias comunidades mozárabes (cristianas) y judías de sus ciudades. Actuaban de manera refinada en sus relaciones diplomáticas y comerciales con Europa, Bizancio y el Norte de Africa. Al igual que en todas las sociedades ricas de la época pre-industrial, era muy grande el número de esclavos; no obstante, hubo esclavos inteligentes que llegaron a ejercer las más altas funciones administrativas, artísticas y científicas, y los emires tenían muchos menos prejuicios en cuestiones religiosas y étnicas que la mayor parte de los gobernantes de nuestros días.

Al mismo tiempo, su poder político y religioso absoluto y la oportunidad (no siempre restringida) de vivir en medio de una irrefrenable sensualidad, contribuyeron a la existencia de prácticas políticas arbitrarias e incluso crueles. El sadismo, la tortura y el asesinato fueron métodos políticos normales, a los cuales se refieren hasta con orgullo algunos poemas atribuidos a diferentes gobernantes y que se mencionan claramente en todas las obras históricas árabes sin ningún tipo de reproche.

El emirato estuvo constantemente sacudido por los conflictos entre Córdoba y otras ciudades lejanas, y entre las élites étnicas y la población hispánica. En todo el tiempo que duró el emirato (756-929) apenas transcurrieron veinte años sin una revuelta militar de importancia. Los principales focos de rebelión fueron las ciudades fronterizas, Mérida, Toledo y Zaragoza, y los puertos costeros, como Málaga y Almería. Y aquellos conflictos, consecuencia de la tensión existente entre los nativos hispanos y los árabes, sirios o egipcios, podían llegar a implicar a la población cristiana, aliada natural, en tales casos, de sus hermanos hispano-musulmanes. Durante los dos siglos y medio que siguieron a la conquista, una gran mayoría de la población situada al sur del Duero y del Ebro se convirtió al Islam. Sin duda, una de las revueltas mejor documentadas del siglo IX, la de los mozárabes de Córdoba (hacia 850-859), se debió en gran parte a la desesperación con que una culta minoría mozárabe veía el constante retroceso religioso y cultural de su comunidad. Aunque los cristianos y judíos podían practicar libremente su culto, los insultos públicos contra Alá estaban castigados con la muerte. Un pequeño grupo de mozárabes eligió voluntariamente el martirio al insultar en público al Profeta. El emir se mostró remiso a la hora de imponer las penas de muerte, pero se vio obligado a hacerlo ante la reacción fanática de las masas urbanas musulmanas y como consecuencia de este abierto desafío a su autoridad, tanto política como religiosa. El obispo de Córdoba defendió a los mártires, pero la iglesia mozárabe en su conjunto se opuso al movimiento como contrario a los intereses de la comunidad cristiana. Y durante el gobierno de Muhammad I (852-886), se produjo la conversión masiva de los cristianos cordobeses, como consecuencia del fracaso de este movimiento en pro del martirio.

Durante el siglo IX llegaron a estar perfectamente definidos los límites de la zona controlada por el Islam en España. La población siguió siendo bilingüe y el romance fue la lengua familiar incluso de la mayor parte de la población islamizada. Aunque fue descendiendo el número de cristianos, los que quedaban eran en su mayor parte comerciantes y artesanos, lo cual les confería una influencia mayor de la que cabía esperar por su número. Cristianos e hispano-musulmanes hicieron causa común en el intento de resistir al proceso de orientalización, tanto cultural como política. El emir Abd al-Rahman III (912-961) tuvo que aplastar revueltas locales persistentes durante los primeros veinte años de su gobierno. Su proclamación como califa en 929 obedeció, al menos en gran parte, a la urgente necesidad de hispanizar su go-

ILDONIVS REX ┈ PRIAM ┈

rdonuis rex ubi patri nro ataulfo epo
mitinuf ubi per hanc nram precepcion
nros pueros de familiazef numcios qui p
reuerencia z honoze beatiffimi iacobi

bierno para tranquilizar a sus propios súbditos musulmanes.

El constante crecimiento demográfico que tanto la España cristiana como la musulmana experimentaron durante los siglos IX y X trajo como consecuencia una atención creciente, pacífica y militar a un tiempo, a las zonas fronterizas, relativamente despobladas. Sin que llegasen a poder competir con la gran supremacía económica y cultural de Córdoba, los reinos cristianos experimentaron, sin embargo, un gran avance en su poder, población, conciencia de su propia dignidad y en el alcance de sus objetivos futuros. Hacia 740, Alfonso I de Asturias había retirado deliberadamente la población del alto valle del Duero hacia los montes cántabros. Un siglo más tarde, Ordoño I (850-866) y Alfonso III (866-910) repoblaron varias ciudades importantes en la línea de los valles del Duero y del Arlanzón: Túy, Astorga, Orete y Amaya en el año 854, León en el 856, Cea en el 875, Coimbra y Sahagún en el 880, Burgos en el 884, Zamora en el 893 y Toro en el 900. En León y Astorga, los artesanos mozárabes que habían emigrado de al-Andalus colaboraron con los montañeses gallegos y astures en la reparación de muchas antiguas casas romanas. En la línea del Duero y sus afluentes una serie de campesinos libres obtuvieron tierras del rey por el procedimiento conocido como *presura,* por el que se obtenía un título de propiedad a cambio de la roturación y puesta en cultivo de las tierras. Para proteger sus propias fronteras, los gobernantes musulmanes fundaron o repoblaron, hacia el año 860, Madrid, Salamanca, Badajoz, Tudela y Calatrava. Dentro de los reinos cristianos, las condiciones políticas adquirieron una estabilidad suficiente y la economía agraria un grado de prosperidad capaz de sostener la existencia de grandes dominios familiares y monásticos en Galicia y Asturias. La tradición eclesiástica visigoda se conservó gracias a los monjes, que guardaron las obras de San Isidoro y escribieron comentarios sobre ellas. Al mismo tiempo fueron afirmando su independencia tanto frente a Toledo como frente a Roma, reforzando insistentemente el culto a Santiago, que se inició con el

5. Castillo de Peñafiel, construido en el siglo XI y reconstruido en 1307.

presunto descubrimiento, hacia 820, del sepulcro de Santiago el Mayor en un lugar cercano a lo que luego sería Santiago de Compostela.

De manera casi imperceptible se fue estableciendo una significativa diferenciación social entre las provincias noroccidentales, León, Asturias y Galicia por una parte, y el diminuto condado de Castilla por otra. En los confines occidentales del Duero, y al norte de este río, la densidad de población seguía siendo escasa, de manera que el contacto militar con los musulmanes era esporádico. Pero a lo largo del Arlanzón, en las proximidades de Burgos y del alto Ebro, cerca de Haro y Miranda, el contacto con la España islámica era constante. El alto Ebro estaba poblado por prósperos propietarios rurales musulmanes bajo la soberanía de los Banu Qasi de Zaragoza, y el mismo valle del río era la ruta de penetración preferida para las incursiones musulmanas hacia el norte. En esta zona no existían ni grandes latifundios agrícolas ni monasterios con grandes propiedades; y tampoco se instalaban en ella los artesanos ni los cultos sacerdotes mozárabes. La frontera militar de la España altomedieval era una especie de «salvaje oeste» en miniatura, que ejercía una atracción sobre los aventureros, los hombres combativos que preferían vivir en medio del peligro y la incomodidad a someterse a las jerarquías establecidas. En la zona existían abundantes castillos, por lo que más tarde se llamaría Castilla. Los que se asentaron en ella fueron los duros montañeses del país vasco, los que con más violencia se habían opuesto a la romanización y más tarde habían luchado contra visigodos y francos para conservar su independencia. Eran pequeños campesinos que buscaban su independencia tanto frente a León como a Córdoba, y que sólo se mantenían fieles a sus condes locales.

Con muy pocas influencias de las culturas mozárabe y latina crearon su propia poesía popular, que produjo una impronta particular en toda la evolución de la lengua castellana. Una parte importante de esta poesía popular nos ofrece una versión legendaria de la vida de un gran aventurero, tanto por sus hazañas militares como por su matrimonio, llamado Fernán González. La leyenda le ha convertido en el fundador virtual de Castilla, y en el máximo exponente, junto con el Cid, de sus virtudes más características. La investigación histórica ha limitado tanto su importancia práctica como su talla moral, pero los rasgos que se vislumbran de su obra en el momento presente son de gran importancia para la comprensión de la política de la España del siglo x.

El padre de Fernán González era uno de los muchos jefes locales que se habían arrogado el título de «condes», mediante la fundación de una ciudad fronteriza, en este caso la de Lara. Murió en 916, y la madre de Fernán consiguió conservar la posesión del castillo y sus pretensiones legales hasta que su hijo llegó a la mayoría de edad. En 929, Fernán González se convirtió en el legítimo conde de Lara. Hacia esta época llevó a cabo un matrimonio muy ventajoso desde el punto

de vista político con Sancha, una de las hijas de la reina
Toda de Navarra y viuda del rey de León, Ordoño II.
Durante la década de 930 fue uno de los principales jefes militares al servicio de Ramiro II de León
(931-951) y obtuvo el título de conde de Castilla en
compensación por sus servicios, junto con el favor
real. Hacia 940 se enfrentó con Ramiro, según parece
por su pretensión de ser nombrado conde de Monzón.
El título pasó a la familia rival de los Ansúrez. Tras
aliarse con otro conde descontento, Diego Muñoz de
Saldaña, se rebeló contra Ramiro en 943, y fue capturado y encerrado en prisión; en 945 obtuvo la libertad, pero solamente mediante un juramento de fidelidad y su renuncia a las tenencias regias. En cierto
modo, el nuevo conde de Castilla debió de perder popularidad, y hacia 947 Fernán González había recuperado sus antiguos títulos; para fortalecer la alianza
familiar, casó a su hija Urraca con el heredero de Ramiro, convirtiéndose de esta manera en suegro del
futuro rey Ordoño III (951-56).

Su posición como el más poderoso consejero político, y quizá como el magnate que poseía más tierras
en el reino de León, provocó los celos de su suegra
Toda, y las luchas por el trono que debilitaron de
manera tan fuerte al reino de León desde 951 sólo
pueden entenderse a la luz de estas complicadas rivalidades familiares. Ramiro II había tenido dos hijos
de madres diferentes: Ordoño, cuya madre era una
princesa gallega, y Sancho, hijo de Urraca, hija de Toda.
El matrimonio de Ordoño con la hija de Fernán González (también llamada Urraca) parece indicar que en
951 la influencia del conde castellano dominaba en
León, excluyendo quizá la navarra. Las relaciones entre
Ordoño, su esposa y su padre político no fueron muy
cordiales durante su breve reinado, y ni Fernán González ni su hija pasaron mucho tiempo en León; al
morir inesperadamente Ordoño en 956 no dejaba heredero.

Esta muerte dio a Toda la oportunidad, largamente
esperada, de restablecer la influencia navarra en León.

Sancho, hijo segundo de Ramiro, el heredero lógico
aunque no indiscutible, era su nieto. Fernán González
intentó oponerse a los planes de su madre política ca-
sando rápidamente a su hija viuda con un primo del
rey muerto, al que intentó que la nobleza gallega y
leonesa le reconociera como Ordoño IV. La reina Toda
formó una coalición contra él, compuesta por Navarra,
Córdoba, la familia Ansúrez (condes rivales de Castilla) y un sector importante de la nobleza leonesa.
En 959, fue atacado a un tiempo por tropas de Córdoba por el sur, y de Navarra por el este. Capturado
y hecho prisionero en Pamplona, fue liberado tras firmar un nuevo pacto con la temible reina, por el que
se comprometía a ayudar a su nieto Sancho (hijo de
Ramiro II) a conquistar el trono de León, con lo que
abandonaba a su suerte a su nuevo yerno Ordoño IV.
Mientras tanto, su esposa (Sancha, hija de Toda) había
muerto, por lo que rápidamente se casó con otra heredera navarra, Urraca, hija del rey García Sánchez. En
el año 962, su infortunado yerno Ordoño IV murió
en Córdoba, donde había sido recibido amablemente
por el califa, quien contestó con buenas palabras a su
petición de ayuda militar para reconquistar el trono
leonés. Fernán González, siempre padre solícito, casó
de nuevo a su hija Urraca (viuda de Ordoño III y Ordoño IV) con el príncipe Sancho Abarca, heredero al
trono de Navarra. En el momento de su muerte, ocurrida hacia 970, dejaba tras de sí una vida muy aventurera, en la que se había enemistado y reconciliado
en dos ocasiones con los monarcas reinantes, había
hecho dos ventajosos matrimonios y había conseguido
casar a su hija con tres herederos al trono de León y
Navarra.

El papel desempeñado por la reina Toda y por el
califa encierra también enseñanzas para la comprensión de la historia castellana del siglo x y de su legen-
dario conde. Toda, reina madre de Navarra, eclipsó en
todo momento a su hijo García Sánchez, y fue la figura política clave de la España cristiana durante los
años que van desde el 930 al 970. Sus hijas estuvieron

casadas con los más importantes magnates de Asturias y Galicia. Además de ser suegra de Fernán González, fue también tía abuela del califa Abd al-Rahman III y abuela de Sancho, hijo menor de Ramiro II, quien a la muerte de Ordoño III en 956 se vio súbitamente convertido en heredero del trono. No pudo conseguir el reconocimiento inmediato de Sancho, porque, entre otras razones, el infortunado joven era tan obeso que no podía montar a caballo, por lo que no podía gobernar solo entre súbditos atléticos y no muy dóciles. Toda pidió ayuda a su sobrino el califa, solicitando que su médico personal, el famoso Hasday ben Shaprut, tratase al príncipe. Hasday, que era también un gran lingüista y diplomático, que conocía perfectamente el árabe, hebreo, griego y romance, marchó a Pamplona a instancias de su soberano. Impuso condiciones humillantes a la reina, entre otras que el príncipe tendría que viajar a Córdoba para el tratamiento y que León rindiera algunos castillos fronterizos. Ella, sin embargo, aceptó y en 958 pasó algunos meses en Córdoba. Mientras Hasday reducía la obesidad de su nieto mediante una dieta vegetariana, Toda preparó la alianza militar que derrotó a Fernán González y colocó, en 959, a Sancho en el trono de León.

Nuestros conocimientos específicos sobre todos los personajes mencionados en los párrafos anteriores proceden de unos cuantos documentos legales y de las referencias personales en las crónicas leonesas y cordobesas. A través de ellos, algunos aspectos de la sociedad del siglo x aparecen muy nítidos. Los reinos del norte, y los condados recién fundados, se gobernaban como propiedades familiares. Las alianzas matrimoniales desempeñaban un papel importante, y las duras luchas entre las familias eran debidas tanto a que el principio de la primogenitura no estaba aún firmemente establecido, como a la inexistencia de una «administración», aun rudimentaria, que pudiera suavizar los períodos de transición y proteger a los príncipes débiles. Mujeres autoritarias podían detentar propiedades y cargos en nombre de sus hijos, y su sexo no limitaba de ninguna manera su influencia política. Córdoba dominaba la Península desde el punto de vista cultural y era también la potencia militarmente más fuerte, aunque las coaliciones cristianas dirigidas por un monarca de talla, como Ramiro II, podían frenar e incluso derrotar a veces a los ejércitos cordobeses. El califa desempeñaba con frecuencia el papel de árbitro en los enfrentamientos entre los reinos cristianos. A juzgar por los matrimonios y por la actividad diplomática, da la impresión de que el antagonismo religioso desempeñaba un papel insignificante en las alianzas políticas.

La dominación cordobesa sobre la Península durante el siglo x se apoyaba sobre todo en su economía diversificada, que continuó su expansión sobre las líneas antes citadas. Ni la inestabilidad política, ni los peligros africano o cristiano afectaron a su economía, ya que por su población, su volumen comercial, por su eficacia y prestigio militar y naval (a juzgar por las embajadas y por la importancia internacional de su numerario), el califato representó el apogeo musulmán en España. Sin embargo Córdoba, a pesar de su prosperidad económica y su sistema administrativo altamente desarrollado, no consiguió una auténtica estabilidad política. Así, Abd al-Rahman III se vio obligado a pasar los primeros veinticinco años de su reinado sometiendo las revueltas que surgieron en las montañas andaluzas y en las siempre inquietas provincias fronterizas de Mérida, Toledo y Zaragoza. Después de conseguir un firme control sobre sus estados, intentó acabar de una vez para siempre con el poder de las grandes familias árabes, cuyo prestigio se había acrecentado un siglo antes, bajo la dominación del emir orientalizante Abd al-Rahman II. Abd al-Rahman III afirmó su plena independencia con respecto a Bagdad al adoptar en el año 929 el título de califa. Sustituyó a los funcionarios de ascendencia oriental por hispánicos y eslavos, maniobra que le ayudó al mismo tiempo a reducir el papel de la aristocracia árabe, a apelar al orgullo de los hispano-musulmanes y a ocupar altos puestos con hombres

que sólo le debieran el poder a él y no a sus antecesores.

Su energía y capacidad de decisión le permitieron
ser, en gran medida, su propio primer ministro. También designó a su heredero, el príncipe al-Hakam, más
de diez años antes de su muerte, con lo que evitaba
peligrosas rivalidades sucesorias; delegó en su hijo muchas responsabilidades, con lo que el futuro califa adquirió una considerable experiencia ejecutiva. Acrecentó
el prestigio del propio monarca, perfeccionando mucho
más el protocolo de la corte. lo que impresionó viva-
mente a todos los gobernadores provinciales y embaja-
dores extranjeros, a quienes se permitía, tras besar
protocolariamente el suelo, arrastrarse hasta el estrado
del califa.

En definitiva, el régimen se apoyaba en la fuerza
desnuda. Más de un tercio de los enormes ingresos
estatales se empleaba en el mantenimiento de un ejército permanente de 100.000 hombres. Las tropas ele-
gidas de la guardia de palacio estaban constituidas por
mercenarios leoneses y francos y por eslavos del este
de Europa, gentes que no podían tener ningún tipo
de lazo sentimental con la población, predominantemente hispano-musulmana, de la capital. El grueso de
las tropas estaba formado por beréberes organizados y
alojados de forma que los restos de lazos tribales des-
aparecieran.

Raza y religión no tuvieron importancia en la elección por el califa, de forma personal y arbitraria, de
los altos funcionarios militares y civiles. Como medio
para conservar la fidelidad religiosa de la gran mayoría
de sus súbditos, el califa empleó ostentosamente sus
propios recursos personales para la conservación de las
mezquitas y la financiación de la caridad pública. También fue una cuestión política importante en todo momento el mantenimiento de relaciones cordiales con las
comunidades cristiana y judía y los fastuosos recibi-
mientos a las embajadas de las grandes potencias cristianas: Bizancio, los normandos y los imperios franco
y sajón. En cuanto a los reinos del norte peninsular,

el califa mantuvo relaciones casi constantemente cordiales con la reina Toda de Navarra, y alternó la guerra y la diplomacia en sus relaciones con León y Castilla, dando preferencia, cuando ello era posible, a los procedimientos diplomáticos.

Un factor de considerable importancia en el gran prestigio que el califato disfrutó entre sus vecinos del norte fue la reputación alcanzada por la medicina islámica. Ya a comienzos del siglo x, todos los tratados griegos de medicina de importancia, que se conservaban todavía, habían sido traducidos en Damasco, Bagdad o El Cairo, y el conocimiento de estos tratados se había difundido por el norte de Africa y por al-Andalus. La lectura de Galeno difundió la idea de que la enfermedad es curable, pero los mismos textos estaban, sin embargo, plagados de errores y supersticiones. Los médicos árabes (a diferencia de los europeos anteriores al Renacimiento), practicaban la disección, aunque sus esquemas anatómicos y sus textos se limitasen a repetir los errores del venerado Galeno, ignorando las consecuencias extraídas de sus propias disecciones.

Mucha mayor importancia que el conocimiento de Galeno tuvo la erudición acumulada en todo el Oriente en cuestiones botánicas y farmacológicas, reunida y empleada por los médicos de todas las religiones que vivían en regiones bajo supremacía islámica. El ruibarbo y el sulfato de sodio, de origen chino, se empleaban como laxantes y el opio era un narcótico perfectamente conocido. Se usaba el ácido tánico para controlar la diarrea y las pequeñas úlceras intestinales. También se empleaba como antídoto para los venenos metálicos y alcalinos, y se aplicaba igualmente a las llagas de la piel. El emético tártaro y las sales de antimonio se empleaban contra el anquilostoma; ingeridas en pequeñas dosis, se creía que expulsaban los diversos parásitos internos, al hacer vomitar al paciente. Para el tratamiento de todo tipo de síntomas internos, se prescribían otras muchas plantas, entre las que cabe citar el clavo, pimienta, almizcle, ámbar, jengibre chino, nuez moscada, alcanfor y nueces de betel. No tenemos datos que nos permitan valorar la eficacia de tales tratamientos, pero debió de existir una dosis considerable de curación psicológica de los dolores, aparte de la meramente física. Tanto por la tradición griega como por la india, se dio gran importancia a la higiene personal y a una dieta equilibrada, y las plantas antes mencionadas sirvieron sin duda para abrir el apetito cuando se había perdido, contribuyendo de esta manera a la recuperación natural del paciente cuya enfermedad no había podido diagnosticarse.

A la vez, los datos que tenemos en relación con un grupo de médicos distinguidos nos permiten apreciar que éstos habían superado con mucho la mera práctica de la higiene y la farmacología. Rhazes, el médico de la corte de Bagdad (865-925), fue un agudo observador que puso en ridículo la idea, muy extendida entre los contemporáneos, de que el análisis de orina servía para diagnosticarlo todo. Alcanzó gran fama por haber distinguido perfectamente el sarampión de las viruelas, éxito más importante de lo que un lector moderno pueda pensar, pues el sarampión era una enfermedad casi tan mortífera como las viruelas. Fue él también quien popularizó, aunque no debió ser quien lo inventase, el empleo de tripas de animales para las suturas.

Muchos de los médicos más famosos fueron también cirujanos. De hecho, aunque los árabes consiguieron más prestigio por sus técnicas médicas que por las quirúrgicas, no hicieron entre ambos tipos de procedimientos la profunda distinción que fue característica de Europa, donde, hasta finales del siglo XVIII, los barberos actuaron como cirujanos, con gran detrimento para el desarrollo de una medicina científica. El médico cordobés Abulcasis (muerto en 1013) confesó que el retraso de las técnicas quirúrgicas árabes se debía a la falta tanto de estudios anatómicos como galénicos. Llevó a cabo con éxito operaciones de fístulas, bocio, cálculos hepáticos, hernias y de dilatación arterial. En la curación de las heridas intestinales, muy frecuentes entre los soldados, unía los labios de la herida y aplicaba grandes hormigas. También practicó la trepanación, ope-

ración de perforación del cráneo para aliviar la presión
producida por los tumores, y recomendaba la cauteriza-
ción en el tratamiento de la apoplejía y epilepsia, así
como en cirugía, en casos de grandes hemorragias.

Ignoramos el porcentaje de éxitos obtenido por Abulcasis en sus operaciones de trepanación, ni con el empleo sorprendente de las hormigas y de la cauteriza-
ción. Parece claro, a juzgar por narraciones medievales,
que algunos seres humanos excepcionales fueron capaces de soportar dolores que nadie ha tenido que sufrir
desde el descubrimiento de la anestesia moderna. Es de
suponer que algunos de los pacientes recobrarían la
salud, pues de otra manera sus médicos habrían quedado desacreditados. Debió de haber una gran cantidad
de conocimientos intuitivos y empíricos, que no aparecen
reflejados en los heterogéneos documentos. Simplemente
carecemos de la documentación necesaria para alcanzar
una valoración completa sobre la reputación de la medicina y la cirugía islámicas. Pero es indudable que
durante el siglo x llegaban para ser tratados por los
médicos cordobeses príncipes y hombres adinerados de
todo el occidente europeo, y el trabajo de estos médicos constituyó una de las glorias culturales del califato.

El hijo y sucesor de Abd al-Rahman, al-Hakam II
(961-976), continuó en general la política y los métodos
administrativos de su padre. Era de carácter menos
enérgico, más intelectual y religioso. Gastó grandes sumas en la formación de una biblioteca de 400.000 volúmenes e hizo importantes ampliaciones a la Gran
Mezquita, debido tanto a su piedad personal como a
motivos de política familiar. Se habla de su cólera ante
el abandono generalizado de las prohibiciones coránicas
sobre el consumo del alcohol, pero no intentó terminar
con los prósperos viñedos de sus súbditos, ya que éstos
habrían sustituido el vino por un licor de inferior calidad hecho con higos. En los cargos más relevantes,
al-Hakam tenía a dos hombres encumbrados por su
propio mérito: al-Mushafy, que procedía de una modesta

familiar beréber de Valencia, y su principal general, llamado Ghalib, un antiguo esclavo manumitido.

La muerte de al-Hakam provocó una grave crisis política. Sólo había tenido dos hijos, uno de los cuales había muerto muy niño, mientras que el segundo, Hisham, era un muchacho enfermizo de once años. Unos ocho meses antes de su muerte el califa, que estaba ya enfermo sin remedio y había entregado la regencia a su hermano menor al-Mugira, reunió a los principales funcionarios de palacio para hacerles prestar un juramento de fidelidad al presunto heredero, el príncipe Hisham. Pero en la España musulmana, lo mismo que en la cristiana, no era posible contemplar ya la sucesión tranquila de un muchacho débil. Algunos eunucos de palacio intentaron, sin su consentimiento, nombrar califa a al-Mugira. Por orden del que de hecho era el principal consejero, al-Mushafy, el infortunado joven regente fue asesinado para garantizar la sucesión de Hisham II (976-1009).

Los primeros agentes del acceso de Hisham fueron su propia madre, una mujer vascona llamada Subh, y su tutor y consejero político, Ibn Abi Amir, al que por comodidad le llamaremos desde ahora por el nombre que más tarde adoptaría, al-Mansur, «el victorioso». Teniendo en cuenta que al-Mansur sería el virtual dictador de la España islámica durante más de veinte años, vale la pena señalar las etapas de su carrera política. En 967, debido a la influencia directa de Subh, había sido nombrado tutor de los príncipes y después jefe de la ceca. Durante los años siguientes consiguió el control absoluto de la policía de palacio y ejerció el puesto de intendente general en Africa durante una de las campañas del general Ghalib. En 975 pasó a ser inspector general de las tropas mercenarias acantonadas en Córdoba; durante sus años de jefe de la ceca, había amasado una fortuna suficiente como para construirse su propio palacio y hacer ostentosos regalos a miembros importantes del harén real y a los principales dirigentes militares.

Al morir al-Hakam, se alió con Mushafy y Subh para conseguir la sucesión de su pupilo de once años, Hisham, y era quien mandaba el grupo que estranguló al regente al-Mugira. Con toda seguridad entre 976 y 978, y probablemente antes y después de estas fechas, fue el amante de Subh así como el administrador de los bienes de su hijo y el encargado de su educación. En 978 casó con la hija de Ghalib, y en 981 se había convertido ya en dueño, civil y militar, del estado al eliminar a Mushafy y Ghalib. No sabemos si es que no se atrevió a deponer a Hisham o le satisfacía plenamente el ejercicio de un poder dictatorial sin tener que asumir el título de califa. Se granjeó una gran popularidad aboliendo algunos impuestos particularmente odiados, efectuando una purga en la biblioteca de al-Hakam y por su apariciones, cuidadosamente escenificadas, como «colaborador» en la edificación de las obras de ampliación de la Gran Mezquita. Aunque se produjeron frecuentes complots contra él, a veces encabezados por Subh, que había poco a poco llegado a odiar a su antiguo protegido y amante, al-Mansur gobernó en Córdoba desde 981 hasta su muerte, ocurrida en 1002.

A causa de sus razias casi anuales contra el norte, al-Mansur adquirió una reputación muy negativa en la historiografía cristiana, y Lévi-Provençal, principal historiador moderno de la España islámica, ha calificado sus campañas como «Guerra Santa». Una vez más, las pruebas que tenemos son muy escasas, pero parecen indicar que no hubo por su parte un fanatismo religioso en su modo de tratar las cuestiones militares o personales. Siguió habiendo tropas cristianas enroladas en las unidades de «élite» del ejército cordobés en tiempo de al-Mansur, lo mismo que con los gobernantes anteriores. En 981, en que libró la batalla decisiva contra su suegro Ghalib, en el ejército de este último figuraban tropas castellanas al mando del conde Garci Fernández, tropas navarras mandadas por un hijo del rey Sancho Garcés II y tropas leonesas enviadas por el rey Ramiro II. Por tanto, había soldados cristianos en ambos ejércitos, y la ayuda oficial prestada a Ghalib

por los príncipes del norte estuvo claramente motivada
por consideraciones derivadas del «equilibrio de poderes»: de la conveniencia de evitar que un dictador,
potencialmente agresivo, llegase a controlar los recursos del estado más poderoso de la Península.

En los años 984 y 987, al-Mansur proporcionó a
Bermudo II de Galicia las tropas que le permitieron
conservar su trono frente a las pretensiones de los
nobles locales rebeldes. En 989 atacó a Castilla, debido
al apoyo que el conde Garci Fernández prestaba a la
rebelión contra su padre de uno de los hijos de al-Mansur. Uno de los matrimonios de al-Mansur tuvo lugar
con la hija del rey Sancho Garcés II de Navarra. Cuando en 992 su suegro llegó a Córdoba para visitar a su
hija y yerno, fue alojado y agasajado en el palacio personal de al-Mansur, al-Zahira; reprendido por sus ocasionales deserciones a la histórica alianza entre Córdoba y Pamplona, recibió licencia para besar el suelo
al comparecer ante la presencia de su yerno y para
besar la mano de su nieto musulmán. En 993, el dictador cordobés casó con una princesa leonesa, cuya
conversión no nos consta y que, de todas formas, después de su muerte volvió a León y se hizo monja.
De la misma forma, cuando se produjo el saqueo de
la ciudad de Santiago por las tropas cordobesas en 997,
éstas se sirvieron de prisioneros leoneses encadenados
para transportar las campanas de la catedral a Córdoba.
También, y por orden del dictador, se respetó la tumba
de Santiago y al monje que la custodiaba. En general,
los datos dispersos que tenemos sobre al-Mansur indican que sus móviles principales eran la búsqueda de
poder personal y de botín para sus tropas; pero una
incursión contra Santiago proporcionaba a la vez una
perfecta oportunidad de humillar a los cristianos del
norte en su totalidad y de conseguir el favor de los
elementos más fanáticos, en el terreno religioso, de
Córdoba. La masa urbana de Córdoba nunca fue tan
tolerante como sus gobernantes y debió de acoger con
gran regocijo la presencia de los prisioneros cristianos
que transportaban el botín, muy importante tanto por

su valor material como simbólico. La toma de Santiago debió de agradar también a los teólogos ortodoxos malequíes, aunque éstos no eran ya tan poderosos ahora como lo habían sido en el siglo IX.

Al morir al-Mansur en 1002 se cumplían casi 300 años de dominación económica, militar y política del Islam en la Península. En ningún momento había alcanzado este poder tanta relevancia como en la segunda mitad del siglo X. Pero, tras esta apariencia, la realidad era que ni Córdoba tenía tanta fuerza ni los reinos cristianos eran tan débiles como indicaban los acontecimientos militares y dinásticos de la época. Después de 1002, el califato se desintegró rápidamente y se inauguró una nueva época, en la que la España musulmana conservó su supremacía económica y cultural, pero también en la que la España cristiana consolidó su poder militar y comenzó a desarrollar sus instituciones políticas y sociales. Con ello se disiparon todas las posibilidades existentes entre los siglos VIII y X, de que toda España llegase a formar parte, de un modo estable, del mundo islámico.

2. La consolidación de la España cristiana

La rápida desintegración del califato durante la década que siguió a la muerte de Almanzor alteró de modo decisivo la conformación política de la Península. En al-Andalus, el siglo XI fue la época de los llamados reinos de Taifas (partido), gobernados por dinastías hispano-musulmanas, beréberes o eslavas. De los reinos próximos a la España cristiana, los más importantes fueron los de Zaragoza, Toledo y Badajoz. Más al sur, los principales reinos de Taifas fueron los de Sevilla, Granada, Almería y Denia. La decadencia de Córdoba, que permitió la formación de las Taifas, facilitó también el progreso político y la expansión de los reinos cristianos del norte. Las figuras que ostentaron la dirección política son sin duda Sancho el Mayor (1000-1035) y su hijo Fernando I (1035-1065), pero los principados de Galicia, León, Castilla, Aragón y Cataluña conservaron celosamente su independencia y sus potenciales pretensiones de conseguir la primacía dentro de los territorios cristianos.

A pesar de su descentralización y de las luchas internas, la España musulmana conservó el mismo alto

nivel de actividad económica que en el siglo x. Como
es lógico, la decadencia de Córdoba, la principal poten-
·ia territorial, debió de contribuir al aumento de la
prosperidad de Sevilla, Almería y Denia, derivada del
comercio y la piratería. En cualquier caso, esta combinación de prosperidad económica y de debilidad militar

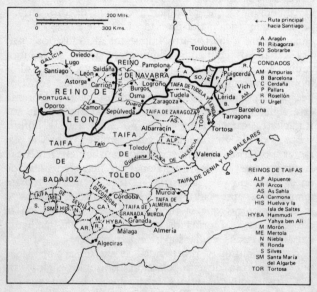

Mapa 2.   Los reinos de Taifas tras el hundimiento del Califato de Córdoba (1031)

de los reinos de Taifas, ofreció una oportunidad dorada
a los estados cristianos, rudos pero cada vez con mayor
potencial demográfico y militar. A imitación de lo que
había hecho Sancho el Mayor, desarrollaron un sistema
tributario mediante el cual los estados musulmanes
pagaban cantidades anuales fijas en oro para conseguir
de esta manera la «protección» militar de sus vecinos
del norte.

Hacia mediados del siglo XI, los príncipes cristianos
habían llegado entre sí a unos acuerdos territoriales,
por los que, por ejemplo, Zaragoza pagaba sus tributos

a Castilla, Toledo a León y Badajoz y Sevilla al reino
de Galicia. Este sistema de las *parias* (tributos) hizo
que ya hacia 1020 hubiesen llegado al norte grandes
sumas de oro y convirtió a la España cristiana en uno
de los tres centros de prosperidad financiera en Europa,
junto con el norte de Italia y Flandes. Pero mientras
en estas dos últimas zonas fueron las manufacturas y
el comercio las que produjeron el flujo de oro, en España la adquisición del preciado metal se debió casi ex-
clusivamente a los tributos impuestos al industrioso sur.
Los caballeros cristianos adquirieron armas, armaduras,
equipo para su caballería pesada y artículos de lujo. Los
monasterios compraron tierras y pagaron los servicios
de los artesanos y constructores musulmanes. Durante
este siglo, la España cristiana desarrolló algunas de sus
tradiciones características que no sólo iban a influir
sobre toda la Reconquista, sino también sobre el carácter posterior del imperialismo español en América:
la preferencia por las inversiones en tierra en lugar de
en el comercio y la industria; la idea de que el trabajo
manual era apropiado para los musulmanes, judíos o
indios, mientras que la función de los españoles era la
de gobernar; la forma de conseguir riquezas mediante
tributos basados en la superioridad militar.

Esta expansión y prosperidad se vieron acompañadas
por un proceso de europeización. Entre los siglos VIII
y X, los diminutos reinos cristianos se habían visto o
bien físicamente aislados de Europa o demasiado preo-
ocupados por la potencia de Córdoba para prestar atención a Europa. Los puntos centrales de la conciencia
de la España cristiana fueron Toledo y Santiago, y no
Roma. Todo esto cambió de manera radical durante el
siglo XI. Sancho el Mayor estableció unos contactos regulares con la curia romana y preconizó la adopción de
la regla benedictina en los monasterios de Navarra y
en los reinos occidentales, donde seguían siendo pre-
dominantes las tradiciones visigodas. Los catalanes, cuya vida religiosa había girado en torno al arzobispado
de Narbona desde los tiempos de Carlomagno, enviaron
ahora embajadas regulares a Roma. Fue también en

Cataluña donde se fundaron los primeros monasterios cluniacenses, y por una decisión deliberada de Sancho se les ofreció establecerse también en Navarra y Castilla. El rasgo fundamental de la reforma cluniacense, desde su misma aparición en el siglo x, en Francia, era la dependencia directa de sus monasterios de Roma, y no de los señores feudales locales. En el norte de España, su advenimiento fortaleció las relaciones con Roma tanto del clero como de la corona, introdujo los métodos agrícolas y de explotación forestal franceses, fortaleció la regla benedictina con su especial énfasis en el trabajo manual y concienció al clero hispano de las diferencias que poco a poco se habían ido desarrollando a lo largo de los siglos entre las formas visigoda y romana de los servicios eclesiásticos.

Con Fernando I y Alfonso VI (1065-1109), Castilla se convirtió en el principal poder dinástico, sustituyendo a Navarra y a León, y ambos soberanos continuaron la política europeizante de Sancho el Mayor. En 1064, bajo los auspicios de Alejandro II, se predicó la primera cruzada peninsular para tomar Barbastro. El sucesor de Alejandro, Gregorio VII (que también había luchado contra el emperador alemán Enrique IV por la cuestión de la investidura episcopal), insistió mucho en la necesidad de la adopción en toda España del rito romano. Se vio apoyado en sus esfuerzos por Constanza, la esposa borgoñona de Alfonso VI. El mismo rey, aunque procuraba mantener buenas relaciones con Roma y en 1077 había doblado su subsidio anual a la orden de Cluny, buscaba sin embargo un compromiso en favor de sus muchos súbditos castellanos y leoneses, profundamente apegados a las tradiciones visigodas.

Al imponerse en la década de 1080 en todos los reinos de Alfonso el rito romano, la España del centro y del oeste perdieron contacto con el Antiguo Testamento, del que las masas visigodas conocían considerables partes, y también con los escritos visigodos, por medio de los cuales se había transmitido la herencia cultural isidoriana de generación en generación desde hacía unos cuatrocientos años. Alfonso VI fue también

quien introdujo la reforma cluniacense en los grandes
monasterios de Sahagún (1079) y San Juan de la Pe-
ña (1090). Al final de su reinado, toda la jerarquía

6. Fernando I de
Castilla. Retrato es-
tilizado procedente
de un manuscrito
ilustrado del s. XII.

eclesiástica era francesa, y la mayor parte de los obispos eran cluniacenses. El soberano animó a los monasterios para que establecieran colonias de burgueses cerca de ellos, y autorizó también la concesión de cartas
de exención de tributos reales para estos burgueses y

facilitó la nacionalización de inmigrantes franceses e italianos. Carecemos de información específica acerca de la población de las nuevas ciudades, pero se sabe, por ejemplo, que Jaca, fundada en 1077, tenía una población de dos mil personas en 1137 y que el 78 por 100 de ellas eran de origen francés.

Alfonso combinó la política de signo europeísta con una renovada preocupación hacia la tradición de Santiago, según la cual los restos mortales de Santiago el Mayor, uno de los doce apóstoles, habían sido trasladados de forma milagrosa desde los Santos Lugares a la remota ciudad de Galicia en que fueron descubiertos a comienzos del siglo IX. Entre 1075 y 1095 (fecha esta última en que Urbano II convocó la primera Cruzada hacia los Santos Lugares) se llevaron a cabo construcciones de grandes puentes e importantes mejoras en el Camino de Santiago. Se fundaron colonias de mercaderes franceses, próximas entre sí, para atender las necesidades de los peregrinos que llegaban a Pamplona desde Toulouse o Narbona, y luego, atravesaban el norte de España por Logroño, Burgos, Carrión de los Condes, León y Lugo.

Mientras tanto la España musulmana, aunque políticamente fragmentada, conseguía no sólo pagar enormes cantidades de oro a sus «protectores» cristianos, sino también mantener un tipo de economía muy superior al de los reinos del norte. Artesanos especializados, la mayor parte de ellos mozárabes, producían artículos metálicos, de joyería, de vidrio, armas y productos textiles, altamente cotizados en el norte de España y en Francia. Los mejores caballos, perros de caza y halcones procedían también de al-Andalus. Los caminos carecían de seguridad, pero las posadas y baños públicos proporcionaban unas formas de confort, cocina y experiencias sensuales desconocidas en el norte. No existía un sistema de educación pública, pero la burguesía y la burocracia civil disfrutaba de una cultura bilingüe: los aspectos religiosos, filosóficos, científicos y la diplomacia con el Este se trataban en árabe, mientras que la lengua vernácula se usaba en la vida cotidiana

y en la economía y comercio locales, y la poesía se servía de ambas lenguas.

Según las noticias de los viajeros musulmanes procedentes de Oriente, la gente de al-Andalus disfrutaba
de un nivel de vida superior al de la del norte de Africa
o de la península arábiga; todo el mundo poseía un
asno, la libertad de las mujeres era mayor (la obligación
de cubrirse el rostro con el velo era menos estricta)
y existía una tolerancia mayor con respecto a las importantes comunidades cristiana y judía.

Bajo el califato, la aristocracia árabe había conserva-
do su poder político, aunque cada vez estaba más amenazada por las familias beréberes, eslavas y nativas de
al-Andalus. El hundimiento del régimen de Córdoba
y la proclamación de los reinos de Taifas fue en gran
medida una revolución anti-árabe. Ninguna de las nuevas dinastías era de origen árabe, y durante el siglo XI
se produjo una reacción general contra las influencias
orientales en el campo de la cultura y de la filosofía.
Fue un momento de una extraordinaria floración intelectual, comparable en muchos aspectos con la de Alemania en el siglo XIX. Así como la combinación de numerosas soberanías locales, de la prosperidad económica, el mecenazgo cultural por parte de la corona y una
reacción patriótica estimularon el desarrollo cultural
de Alemania, así también las rivalidades políticas y culturales de muchas Taifas y la reacción contra la influencia cultural del Oriente Próximo estimularon la cultura
nacional de al-Andalus. Los príncipes se disputaban entre sí los servicios de los mejores músicos, poetas, diplomáticos y cronistas. Una de las principales formas
de poesía era el panegírico, dirigido al príncipe y que
celebraba su sabiduría, su magnanimidad, su valor, su
perspicacia en la elección de sus poetas y, por supuesto,
su generosidad a la hora de recompensar sus versos.

El tema más corriente de la poesía era el amor en
sus más variadas formas: el heterosexual y el homose-
xual, el sensual y el platónico, el sofisticado y el ino-
cente, el satisfecho y el frustrado. Un extremado refinamiento de lenguaje y de imágenes, junto con una escasa

espontaneidad (una especie de tradición eufuística), caracterizaban a la poesía compuesta en árabe clásico. Las imágenes más prosaicas, los ritmos y las emociones se expresaban en romance. Resulta muy difícil, e inevitablemente arriesgado, hacer generalizaciones sobre un estilo de forma de vida a partir de las fuentes literarias. Sin embargo, leyendo la poesía hispano-árabe del siglo XI se adivina entre la clase culturalmente dirigente una especie de aburrimiento y cinismo generalizados, un deseo de sensaciones sexuales nuevas y una forzada y vana agudeza verbal. También se celebra con frecuencia la belleza de los jardines, poniéndose énfasis especial en la remodelación humana del paisaje, más bien que en la pura belleza de la naturaleza.

Desconocemos casi por completo la actitud de los cristianos del siglo XI con respecto a la sofisticada cultura literaria y la vida social de las aristocracias de los reinos de Taifas. Pero es evidente que los monarcas cristianos sentían la tentación, derivada de su propia superioridad militar y de la creciente presión de los pequeños campesinos, pastores y clérigos ansiosos de una Cruzada, de extenderse hacia el sur, y sustituir, en último término, el sistema tributario por la conquista directa. Una ilustración de todos estos problemas nos viene dada por la vida de las dos personalidades más salientes y de las que tenemos una información más detallada: la del rey Alfonso VI y la de su aún más famoso vasallo, Rodrigo Díaz de Vivar, el Cid (apelativo procedente del término árabe *Sidi*, señor).

Alfonso era el segundo hijo de Fernando I. Como tal había heredado León en 1065, ya que Castilla, que ya se consideraba la más importante posesión de la dinastía, había recaído en su hermano mayor Sancho. Al igual que había sucedido antes y sucedería repetidamente en los siglos siguientes, ambos hermanos comenzaron casi inmediatamente a disputarse la posesión de toda la herencia. Entre 1065 y 1072, Alfonso fue derrotado dos veces por los ejércitos castellanos, cuyo alférez era el Cid. Alfonso había vivido en calidad de refugiado político en Badajoz y en Toledo, y había continuado, con la ayuda de su hermana Urraca, conspirando contra su hermano. Al morir este último de manera misteriosa en 1072, Alfonso reclamó sus derechos al trono de Castilla, pero su reconocimiento como soberano legítimo sólo se produjo tras prestar un jura-

7. Alfonso VI. Ilustración de un manuscrito del s. XII.

mento, tomado por el Cid, de que no había estado implicado en absoluto en la muerte de su hermano Sancho.

Una vez unificados los reinos de Castilla y León y tras someter con facilidad a su tercer hermano que reinaba en Galicia, Alfonso dirigió toda su atención al reino Taifa de Toledo. Eran varios los factores que hacían de Toledo un objetivo lógico de la expansión territorial cristiana. Existía una gran masa popular mozárabe y una larga tradición de revueltas contra los emires y califas de Córdoba. Dominaba el valle del río Tajo y la ganadería trashumante cristiana de este siglo había colonizado, lenta pero incesantemente, las tierras esteparias situadas entre la línea del Duero, frontera en el siglo x, y el Tajo. Dentro de la ciudad existían dos grupos rivales con poder parecido, uno partidario del rey Taifa de Badajoz y otro de Alfonso. Entre 1080 y 1085, este último protestó por el pago de los tributos en moneda devaluada; convirtiéndose en portavoz de las quejas, reales o imaginarias, de la comunidad mozárabe, puso a la ciudad un cerco intermitente y llevó a cabo profundas incursiones en Andalucía

En 1085 Alfonso entró en la ciudad, ofreciendo generosas condiciones de autonomía a las comunidades musulmana y mozárabe, concediendo un período de vida transitorio al rito visigodo, profundamente arraigado en la ciudad, y calificándose de «Emperador de las dos Religiones». Al mismo tiempo, sin embargo, alardeaba de la imbatibilidad de sus ejércitos, hablaba con desprecio de los príncipes de Taifas en general y exigía un aumento de los tributos o el gobierno directo sobre los reinos de Zaragoza, Sevilla y Granada. Los príncipes, amenazados, se sentían impotentes para hacer frente a Alfonso en el terreno militar. Tuvieron que plantearse cuál de las dos alternativas que se les ofrecían constituiría un mal menor: bien aceptar el gobierno directo de Alfonso o bien pedir auxilio a los poderosos principados norteafricanos.

El norte de Africa había sido unificado hacía poco tiempo por una poderosa dinastía beréber piadosa y puritana: la de los almorávides. Se trataba de fanáticos musulmanes con un desconocimiento casi total de las culturas oriental o hispánica. Hacia ellos miraban como salvación los teólogos malequíes, que todavía eran políticamente poderosos en Andalucía, aunque su autoridad religiosa hubiera sido minada en alto grado por la cultura casi pagana de las Taifas. El temor hacia Alfonso, la presión de los jefes malequíes y la falta de otra alternativa militar obligaron a los reyes de Taifas, dirigidos por al-Mutamid de Sevilla, a enviar una embajada al austero rey almorávide, Yusuf. Este último no mostraba ninguna prisa por acudir en ayuda de sus corrompidos hermanos, por quienes mostró, en su manera de tratarlos, un cierto desprecio personal. Pero al año siguiente, en 1086, mandó a la Península un ejército experimentado y de gran movilidad, cuyo paso a través de toda Andalucía obligó a Alfonso a levantar el sitio de Zaragoza y a apresurarse a defender su frontera del sur. En un corto encuentro cerca de Badajoz, la caballería almorávide destrozó inesperadamente al ejército cristiano mediante un ataque de flanco, y el rey Alfonso a duras penas pudo salvar su vida.

Sin embargo, esta batalla no tuvo consecuencias decisivas militares o políticas. Yusuf volvió a Africa, y Alfonso continuó lanzando incursiones de saqueo y amenazando a los reinos de Taifas con la conquista. Aunque resulte imposible conocer con exactitud sus planes, Alfonso debió de contar con el Cid para reforzar su propia fuerza militar. Las relaciones entre ambos habían cambiado mucho con el tiempo. El Cid había sido el jefe principal (alférez) de los ejércitos castellanos en tiempos de Sancho II y había tomado el juramento que permitió el acceso al trono de Alfonso en 1072. Había desempeñado varias misiones diplomáticas en nombre de Alfonso y éste, buscando una reconciliación duradera con tan temible vasallo, le había ofrecido a su sobrina Jimena en matrimonio.

En 1081, el Cid había dirigido, sin autorización, una incursión contra Toledo, por lo que sufrió el destierro, y, durante los cinco años siguientes, sus relaciones con Alfonso fueron, por lo menos, ambiguas. Aunque había jurado no tomar nunca las armas contra su rey, se puso al servicio del rey de Zaragoza, cuyo principado era tributario de Castilla y cuyos territorios eran codiciados por los diferentes principados aragoneses y catalanes. A la cabeza de los ejércitos del rey de Zaragoza, derrotó al rey cristiano de Aragón, así como a los de los reinos musulmanes rivales de Lérida y Valencia. Parece que también se ofreció a conquistar el reino de Valencia para el rey de Zaragoza. No participó en la toma de Toledo por los cristianos y tampoco ayudó al monarca en el breve sitio que Alfonso puso a Zaragoza, ni cuando éste marchó apresuradamente al sur a hacer frente a los almorávides. A partir del poema épico que lleva su nombre y de algunas referencias aisladas que hay en las crónicas, se deduce que el Cid no tuvo ningún tipo de reparo en ponerse al servicio de reyes mulsumanes. Lo que hizo fue acomodar su estilo de vida a la próspera economía y al estilo cultural que le podía proporcionar el rico Levante español. La única limitación que puso a su oportunismo fue el evitar un enfrentamiento directo con el rey de Castilla.

Tras su pequeña derrota en Badajoz, Alfonso buscó de nuevo la reconciliación con el Cid. Además, Alcadir, el gobernante impuesto por él, en Toledo, se confesó incapaz de controlar la ciudad y Alfonso lo trasladó al trono de Valencia, afortunadamente vacante. Según parece, ofreció al Cid el puesto de protector y recaudador de tributos de este rico reino, en cuyos asuntos ya había intervenido el Cid cuando estuvo al servicio del rey de Zaragoza. Sin embargo, el Cid no ayudó a Alfonso en la reanudación de la lucha contra los almorávides, y Alcadir, contando con la llegada de éstos, suspendió sus pagos tributarios al Cid.

En estas circunstancias, el Cid decidió, hacia 1090, apoderarse de Valencia por su propia cuenta. El reino cristiano de Barcelona y el musulmán de Lérida, aliados de Alcadir, pidieron ayuda a Alfonso VI para hacer frente a su ambicioso vasallo exiliado. De la misma manera que el Cid había huido siempre de las hostilidades directas contra Alfonso, también éste negó la ayuda militar a los enemigos del Cid. Hacia 1094, el Cid tenía la fuerza suficiente como para derrotar a Barcelona y Lérida y arrebatar la misma Valencia a los almorávides. Al igual que había hecho Alfonso en Toledo en 1085, el Cid ofreció condiciones generosas a la ciudad conquistada: conservación del gobierno municipal anterior, protección de los bienes de los que no se mostrasen hostiles al nuevo gobierno, tolerancia reli-

giosa, ningún aumento tributario, y el empleo de tropas
de guarnición mozárabes en vez de castellanas. Sin embargo, la necesidad de pagar a su ejército tras cuatro
años de ardua lucha, le llevó pronto a confiscar propiedades agrarias y urbanas. Irritado además por las con-
tinuas conspiraciones contra su gobierno, reemplazó las
tropas mozárabes de guarnición dentro de la ciudad por
tropas cristianas. No dudó en torturar y quemar a todo
musulmán rico al que podía acusar de traición. Aunque
él debía de ser indiferente en cuestiones de religión,
nombró a un obispo cluniacense, imbuido del espíritu de
cruzada y para el que la tolerancia era un defecto y no
una virtud. De este modo consiguió mantenerse en Valencia hasta su muerte, ocurrida en 1099.

Las vidas de Alfonso VI y del Cid sirven para ilustrar
una serie de importantes características generales del
siglo XI. La España cristiana estaba en expansión tanto
demográfica como militar. Sus caudillos confiaban en
su nueva fuerza, y ambicionaban adquirir riquezas y
tener poder. Podían conseguir riquezas tanto en forma
de pagos tributarios como a través de la conquista directa. Si bien Alfonso VI había favorecido la inmigración de burgueses de Francia, él y todos los gobernantes cristianos del siglo pensaron más en la explotación
de la economía musulmana que en el desarrollo de un
sistema económico en las tierras del norte. Su actitud
ante el refinamiento musulmán era ambigua. Apreciaban
la gran calidad de las manufacturas y de los artículos
suntuarios, así como los servicios de los artesanos musulmanes; practicaban el concubinato, aunque segura-
mente no hasta los límites que lo hacía la aristocracia
de los reinos Taifas; y defendían, sin embargo, orgu-
llosamente sus rudas virtudes masculinas frente a una
cultura literaria que eran incapaces de apreciar.

Bajo la influencia de Roma y de sus propios eclesiásticos, predicaron la cruzada, que favorecía sus conquistas territoriales, y adoptaron el rito romano. Pero en
aras del mantenimiento de la unidad política interna,
autorizaron algunas excepciones y demoras en este proceso de paso al rito romano. Para contrarrestar la agre-

sividad psicológica de los papas, mejoraron e hicieron propaganda sobre la ruta de peregrinación a Santiago. Mientras tanto, los reinos de Taifas, ricos, tolerantes y militarmente débiles, quedaban atrapados entre la creciente agresividad de los reyes cristianos y el poder en aumento de los primarios y fanáticos almorávides. Debido quizá tanto a los errores políticos de Alfonso VI como a las depredaciones de los ejércitos cristianos, tuvieron que pedir ayuda al norte de Africa para equilibrar la situación de la Península.

La llamada a los almorávides era una abierta confesión de debilidad, y como tal fue entendida por Yusuf. La intervención de Yusuf, que pronto se dio cuenta de la impotencia de los reyes de Taifas, aunque estaba algo intimidado por su elevada civilización, en la Península se produjo con lentitud. De carácter brusco, con poca cultura y un desconocimiento casi total del árabe, se apoyó en las clases inferiores musulmanas por su dignidad sencilla, su austeridad religiosa y su anti-intelectualismo. Aunque su procedimiento de actuación parecía muy directo, era también capaz de torturar y matar después de una recepción cortesana. Contaba con capaces generales, que le estaban fielmente subordinados, y gozaba de gran prestigio entre los teólogos malequíes ortodoxos. Consideraba a los cristianos como infieles y pensaba que sus víctimas Taifas merecían su suerte. De esta manera, la invasión almorávide, aunque cortó momentáneamente la expansión cristiana, constituyó también una derrota psicológica y cultural para el Islam español. La combinación de una propaganda oficial en pro de la cruzada, procedente del norte, y del fanatismo almorávide en el sur, proporcionó a las partes en lucha, en el tránsito al siglo XII, una animadversión religiosa mucho más acentuada que en las décadas posteriores a la caída del Califato.

Durante el siglo siguiente, hablando en términos generales, ni los gobernantes musulmanes ni los cristianos pudieron consolidar los recursos que poseían potencialmente. Los almorávides precisaron unos quince años para afirmar su soberanía por toda el área de los reinos

de Taifas. Para someter a Granada fue preciso practicar
el terrorismo contra la población de la ciudad y asesinar
a los principales oponentes, mientras que Sevilla fue
saqueada en 1091. Luego fueron sometidas sucesiva-
mente Murcia, Denia, Badajoz y Valencia, y las «élites»
locales saborearon, en la medida de sus fuerzas, la autoridad de los almorávides. Los conquistadores consiguieron sin embargo un caluroso apoyo popular merced a
una política de bajos impuestos, de relativo establecimiento de «la ley y el orden», tras la gran inestabilidad
del siglo anterior, y de dureza con respecto a los judíos
y mozárabes, muchos de los cuales emigraron hacia el
norte en el período almorávide.

Como muchos grupos tribales primitivos anteriores,
los almorávides fueron absorbidos rápidamente por la
avanzada civilización que habían conquistado. Hacia
1120, su supremacía estaba ya amenazada en Marruecos, y en 1147 habían perdido el poder tanto en el
Norte de Africa como en España. Los nuevos conquistadores, que consiguieron durante medio siglo unificar
todo el mundo islámico desde Egipto a Andalucía, eran
los almohades, una tribu ortodoxa, fanáticamente mono-
teísta, originaria de las montañas del Atlas. Su superioridad en la lucha contra los almorávides radicaba principalmente en su mayor vigor físico, pero también
defendieron que estaban llevando a cabo una guerra santa
contra los descendientes de Yusuf, a quienes acusa-
ban de profesar una herejía cuasi-cristiana, hasta afirmar
que los atributos divinos eran incompatibles con la sen-
cillez de la esencia divina.

Desde el punto de vista cultural, la victoria de los
almohades tuvo su importancia ya que ellos reconocían
la supremacía espiritual de Bagdad y trajeron consigo a
España la filosofía y ciencia orientales, que durante los
dos siglos largos de califato y reinos de Taifas, habían
estado ausentes del país. Las partes más orientales de la
cultura hispano-musulmana habían sido la poesía y el
arte. El *zéjel,* el arco en forma de herradura (de origen
visigótico, pero que encontró gran desarrollo y variedad
entre los arquitectos musulmanes), y la decoración en

tejidos y baldosas muestran unas cualidades artísticas peculiares y únicas en al-Andalus. Las pretensiones de independencia de los Omeyas, primero como emires (756-929) y luego como califas (929 hacia 1010), y más tarde los florecientes reinos de Taifas, habían impulsado conscientemente esta originalidad. Al mismo tiempo, la ortodoxia malequí y el aislamiento político-geográfico con respecto a los centros del mundo islámico, habían limitado la influencia de la filosofía y de la ciencia orientales.

En las ciudades cosmopolitas, como Bagdad, Damasco y El Cairo, las realizaciones culturales más originales tuvieron lugar en los campos de la botánica, la astronomía, las matemáticas y la gramática. En al-Andalus se habían adoptado libremente los tipos recientes de frutas, los tintes, las diversas clases de cereales y gramíneas. También, en la Córdoba del siglo x, unos pocos eruditos habían conocido los tratados matemáticos y gramaticales especializados. Sin embargo, la difusión del interés por la filosofía y el arte persas, por la filosofía y la medicina griegas, el conocimiento profundo del álgebra y de las ecuaciones de raíces irracionales, las traducciones a gran escala y los estudios filosóficos comparativos de la literatura persa, griega y árabe fueron mucho mayores en el siglo xii bajo los auspicios de los almohades, de lo que habían sido desde los tiempos de Abd al-Rahman II (822-852). En parte se debió a la mejora en las comunicaciones, pero también a la nueva actitud de los gobernantes, para los que Egipto, Túnez y Marruecos eran subdivisiones más importantes del mundo musulmán que la propia Andalucía.

Como consecuencia de esto, sin embargo, la cultura de la España musulmana del siglo xii fue mucho menos original que la de los tres siglos anteriores. Las historias generales de la Edad Media mencionan siempre a los grandes cordobeses del siglo xii: Averroes (1126-1198) y Maimónides (1135-1204). El primero fue médico del califa almohade Abu Yakub I, y uno de los grandes comentadores mulsumanes de Aristóteles. Fue desterrado de Córdoba en dos ocasiones, y tanto sus

métodos médicos como su filosofía derivaban de tradiciones no muy originales del Oriente Medio. Maimónides, aunque nacido en Córdoba, sufrió el anti-semi-
tismo de la época almohade, y prefirió pasar toda su
vida de adulto en Egipto. Como médico, se mantuvo
en la línea escasamente experimental de reverencia a
Galeno, aunque daba consejos llenos de sentido común
acerca de una dieta moderada, del ejercicio y de la vida
sexual. Los almohades llevaron a cabo una amplia política de edificaciones, como lo demuestra la rápida
construcción del puerto de Gibraltar hacia 1160, la de
la Giralda de Sevilla y de la gran mezquita de Marra-
kesh. Pero en el siglo XII, la España Islámica fue solamente un apéndice cultural del Islam oriental.

En el norte cristiano, el siglo XII se caracterizó en
general por la desunión política y por el triunfo de los
intereses económicos de los grandes latifundistas y del
clero, frente a los de la burguesía. Alfonso VI se había
casado cinco veces, pero su único heredero varón, nacido de la princesa Zaida, hija del rey Mutamid de Sevilla, murió luchando frente a los almorávides en 1108.
El activo rey tenía dos hijas, habidas de sus dos espo-
sas francesas. La mayor, Urraca, se casó con Raimundo
de Borgoña, y su hijo llegó a reinar con el nombre de
Alfonso VII (1126-1157). La más joven, Teresa, se
casó con Enrique de Borgoña, y su hijo, Alfonso Henriques, llegaría a ser el fundador del reino independiente
de Portugal.

Raimundo de Borgoña murió también antes que su
suegro, por lo que en un esfuerzo de última hora por
unificar los reinos de Castilla y de Aragón, Alfonso VI
de Castilla unió en matrimonio a su hija viuda con
Alfonso I «El Batallador», rey de Aragón (1102-1134).
Su matrimonio, celebrado en 1109 y seguido, al poco
tiempo, por la muerte del anciano rey, coincidió con una
revuelta generalizada de los campesinos y los burgueses aragoneses. Los primeros reclamaban un aligeramiento de sus servicios con respecto a los señores. Los
segundos se negaban a pagar un tributo suplementario
por la Pascua y exigían el control de la corona, en vez

del monástico, sobre los bosques, los viñedos y los
molinos. El clero rural protestaba también contra los
privilegios económicos de los monasterios cluniacenses.
La revuelta se extendió por el territorio castellano-
leonés a través del camino de Santiago. En ambos reinos, las fuerzas nobiliarias y el clero se agruparon en
torno a Urraca, mientras que los campesinos y burgueses
lo hacían en torno a Alfonso. Los nobles consiguieron
una anulación pontificia del matrimonio (Urraca y Alfonso eran primos segundos), y en los años 1116 y 1117
varias bulas papales ordenaron a los burgueses la devo-
lución de todas las tierras confiscadas por ellos a los
monasterios en los cinco años anteriores. No se puede
calcular con exactitud los perjuicios económicos que
ocasionó la derrota de la burguesía de las ciudades, pero
el resultado claro de la contienda, entre 1109 y 1117,
fue el triunfo de la Iglesia y de sus aliados latifundistas
frente a los campesinos y mercaderes, muchos de los
cuales eran recientes inmigrantes franceses.

A lo largo de todo el siglo XII, los nobles y el clero
de Castilla y de León, fueron desarrollando constantemente la cría del ganado lanar y la exportación de la
lana. Las ciudades costeras cantábricas fueron repobla-
das para ocuparse del comercio lanero, y la lana castellana consiguió competir favorablemente en el mercado
interior inglés y, en menor medida, penetró en los mercados flamencos. En las regiones navarra y riojana,
crecían el viñedo y el cereal, en una zona de clima templado y de gran belleza natural. A medida que los
aragoneses iban extendiéndose progresivamente por el
valle del Ebro, adquirían tierras de regadío donde buscaban la continuidad de sus cultivadores musulmanes en
calidad de dependientes bien tratados por la nueva clase
dirigente cristiana. En las costas oriental y occidental de
la Península, Barcelona, Tortosa y Lisboa se iban convirtiendo rápidamente en centros comerciales, impul-
sados por la decadencia del poder naval musulmán y por
los constantes progresos económicos y demográficos del
sur de Francia y del norte de España. Estas líneas económicas vigentes en el siglo XII, tuvieron consecuen-

cias de gran alcance en la historia de España: la orientación anti-burguesa de Castilla; la mayor tolerancia, en general, hacia los súbditos musulmanes, los mudéjares, por parte de la corona de Aragón; y la orientación burguesa y comercial de Portugal y de Cataluña.

Las influencias europeizantes, y en particular francesas, siguieron siendo fuertes a lo largo de todo el siglo. En Toledo se creó una importante escuela de traductores, bajo el patrocinio del arzobispo cluniacense Raimundo (1124-1151). Las traducciones se realizaban normalmente en dos etapas sucesivas: del árabe al romance y del romance al latín. Este doble proceso aumentaba los riesgos de errores, especialmente en aquellos casos en que el árabe se basaba a su vez en un texto original griego. Sin embargo, fue a través de esta escuela de Toledo como Europa adquirió sus primeros conocimientos, aunque imperfectos de los tratados árabes de filosofía, gramática, astronomía y medicina. Los valores y energía del clero dirigente cluniacense decayeron pronto de manera muy profunda, pero su espíritu latinizante, pro-romano y de cruzada fue recogido por otra orden francesa, imbuida de un profundo sentido de disciplina, la de los cistercienses.

Al igual que la orden de Cluny, la del Cister observaba la regla benedictina y defendía la autoridad de la jerarquía romana frente a la tendencia de los príncipes a convertir la Iglesia local en una especie de posesión familiar. Pero al contrario que la orden de Cluny, la organización cisterciense concedía gran autonomía al abad dentro de cada convento. Los cistercienses se instalaban en el campo e iban roturando de manera metódica y experta los bosques y desecando los pantanos. Esta habilidad para mejorar las tierras les hizo extraordinariamente valiosos en un momento de crecimiento demográfico y de expansión territorial. Una serie de monasterios situados en Galicia, en Castilla occidental y en Portugal son testimonio de la ampliación de la frontera de las tierras puestas en cultivo de la España cristiana durante el siglo XII. Sus monasterios fueron mayores y de organización más compleja que los del siglo anterior. Además de la iglesia y el refectorio habituales, se distinguían por la adición de claustros separados, talleres y dormitorios que concedían una cierta intimidad a los monjes. San Bernardo, el fundador de la orden, había tenido un gusto especial por la belleza natural, por la poesía y la contemplación interior, lo mismo que por el trabajo austero. Sea o no acertado el atribuir a su influencia personal la elección de los emplazamientos de los monasterios, lo cierto es que los cistercienses construyeron sus casas en lugares de gran belleza natural en medio de agua y árboles, y con sus dormitorios orientados de manera que se pudiera gozar de la belleza del hermoso paisaje. En este punto concreto, mostraron la misma sensibilidad estética hacia el paisaje que los constructores de villas árabes en Andalucía.

A la vez que los monasterios rurales ponían tierras en cultivo y cristianizaban los territorios occidentales, relativamente primitivos, los almohades amenazaban con un retroceder de las nuevas fronteras establecidas en tiempos de Alfonso VI. Siguiendo el espíritu de cruzada característico de la orden, y para afrontar esta concreta amenaza militar, el abad del monasterio cisterciense de Fitero, convocó en 1158 una cruzada para recuperar Calatrava, y su iniciativa desembocó en la constitución, entre 1160 y 1180, de tres entidades monásticas de caballeros concebidas para defender las fronteras frente al Islam: las de Calatrava, Alcántara y Santiago. Durante casi cien años, hasta la culminación de la reconquista del siglo XIII, defendieron las fronteras de la meseta sur, en Castilla, Extremadura y Portugal. En este período se convirtieron también en ricos terratenientes y ganaderos.

A mediados del siglo XII, la España cristiana estaba ya formada por las tres unidades políticas que perdurarían en tiempos modernos: Portugal, Castilla y Aragón-Cataluña. Alfonso VI había casado a Teresa, su hija ilegítima, con Enrique de Borgoña, y le había otorgado el condado de Portugal. Su hijo, Alfonso Henriques, había resistido pertinazmente a todos los esfuerzos

3

de su primo Alfonso VII para conseguir el reconocimiento
de su soberanía sobre Portugal. En 1139, se proclamó
rey, pidió el apoyo papal, tomando el título de «vasallo
de la Santa Sede» y recibió el apoyo diplomático de los
cistercienses. Desde ese momento, Portugal se convirtió
virtualmente en un reino independiente, y llegó a serlo
oficialmente tras el reconocimiento en 1179 por el papa
Alejandro III.

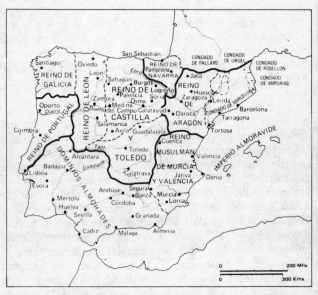

Mapa 3. España a la muerte de Alfonso VII (1157)

En el caso de Aragón, la muerte de Alfonso I el
Batallador en 1134, había abierto una crisis dinástica.
Este rey, profundamente religioso, murió sin herederos
dejando sus dominios a las órdenes de San Juan y del
Temple. Pero los almohades amenazaban con reconquistar todo el valle del Ebro, y Alfonso VII de Castilla estaba dispuesto a reclamar como propio el reino.
En tales circunstancias, la nobleza aragonesa presionó
al hermano menor del Batallador, el monje Ramiro, a

subir al trono. Ramiro volvió al mundo, se casó y des-
posó a su hija niña, Petronila, con el conde Ramón
Berenguer IV de Barcelona. De esta manera, el reino
montañoso de Aragón quedó unido al condado, comercial y agrícola, de Barcelona, formándose el reino de
Aragón-Cataluña.

Pero ni la energía desplegada por Alfonso Henriques,
ni la fortuna matrimonial del ex monje Ramiro, ni los
errores políticos de Alfonso VII de Castilla sirven para
explicar esta división tripartita de la Península. Ninguna
de las primitivas unidades políticas de la España cristiana
había tenido fronteras naturales ni lingüísticas. Galicia
y Portugal formaban una unidad lingüística, pero hacia
1140 el río Miño se convirtió en una frontera, que ha
permanecido desde entonces, entre ambos países. León
se diferenciaba de Castilla en que aquél había afirmado
antes su soberanía, y por el diferente grado de influencia
cultural mozárabe; pero entre ambos reinos no existía
una frontera natural o cultural clara. Navarra y Aragón
eran pequeños reinos montañosos vertidos a ambos lados
de los Pirineos, cuyas fronteras y grupos de población
variaban de acuerdo con el poder de cada monarca, y
con las vicisitudes bélicas en el sur de Francia y en el
norte de España. Cataluña era la circunscripción con
más personalidad, con su propio idioma y sus contactos
prolongados, políticos y culturales, con Francia. Pero
también sus fronteras se alteraban con frecuencia, y
entre los siglos IX y XII, estas fronteras no fueron realmente naturales o lingüísticas, ni del lado francés ni a lo
largo de la costa mediterránea. Ni el mapa físico de la
Península Ibérica, ni la consideración detallada de su
historia política durante la temprana Edad Media nos
pueden dar razones lógicas para la aparición de los reinos
de Portugal, de Castilla y de Aragón-Cataluña como estados principales. Tampoco debe olvidarse que Navarra
siguió siendo hasta 1512 un reino frecuentemente independiente, ni que León se volvió a separar de Castilla
entre 1158 y 1230.

En cuanto a los objetivos de la reconquista, que ahora
se llevaba a cabo con gran denuedo, los tres reinos se

pusieron de acuerdo de antemano sobre sus respéctivas jurisdicciones. Los tratados sucesivos de Tudillén (1151), Cazorla (1179) y Almizra (1244) definieron claramente las esferas respectivas de Castilla y de Aragón: Andalucía y la mayor parte del reino de Murcia quedaron para Castilla, mientras que Valencia, las Baleares y Alicante se atribuyeron a Aragón. Hubo acuerdos semejantes entre Castilla y Portugal que asignaron el Algarve para Portugal. Nada mejor que estos tratados para darnos una idea de la extraordinaria confianza, la capacidad de organización a largo plazo, la psicología imperial y la combinación de las tradiciones de cruzada por un lado, y de imposición de tributos por otro, vigentes en la España cristiana en la Alta Edad Media. La incapacidad para establecer la unidad dentro de sus propios dominios, retrasó, pero nunca puso en serio peligro el triunfo final de la España y Portugal cristianos sobre las provincias, aún prósperas y populosas, gobernadas por los almohades.

3. Las conquistas y la síntesis del siglo XIII

Hasta los últimos años del largo reinado de Alfonso VIII de Castilla (1158-1214), no pudieron los ejércitos cristianos conseguir una victoria importante sobre los musulmanes. La reanudación de la rivalidad entre León y Castilla (los dos reinos tuvieron monarcas diferentes entre 1158 y 1230), impidió al rey castellano llevar a cabo una movilización de todo el poder militar del norte, y tras su espectacular derrota frente a los almohades en Alarcos, en 1195, los demás soberanos cristianos formaron ocasionales alianzas diplomáticas en su contra. Pero en el año 1212, un gran ejército cristiano, que comprendía tropas francesas y de todos los reinos peninsulares, llevó a cabo una cruzada predicada como tal por el papa Inocencio III. En la batalla de Las Navas de Tolosa, en uno de los pasos principales que ponen en contacto la meseta de Castilla la Nueva con el valle del Guadalquivir, los cristianos destrozaron literalmente al ejército almohade. Debido a las grandes sequías de los años siguientes, y quizá también a la gran hediondez y epidemias producidas por los miles de cadáveres insepultos, los cristianos no procedieron a una

inmediata ocupación de las ciudades conquistadas; pero
a la muerte de Alfonso VIII en 1214, estaba abierto ya
el camino para la conquista cristiana de toda al-Andalus.

Los historiadores han discutido largamente acerca de
si los espectaculares avances cristianos del siglo XIII
debían de ser calificados como «conquista» o como «reconquista». Al-Andalus, densamente poblada, urbanizada y orientada hacia la civilización oriental, tenía muy
poca semejanza con la Andalucía visigótica que los ejércitos musulmanes habían conquistado en 711. En este
sentido, los cristianos realmente «conquistaron» al-Andalus. Además, con la excepción de la segunda mitad
del siglo XI, durante los reinados de Fernando I y Alfonso VI, nunca antes del siglo XIII pudieron los monarcas cristianos haber tenido un propósito concreto
de llegar a dominar toda la Península. Pero las crónicas
medievales conservaron el recuerdo de los tiempos romanos y visigodos, la mayor parte de la población de
Andalucía hablaba un dialecto romance, y la Iglesia
había conseguido su firme propósito de inculcar en la
población de los reinos del norte la idea de que toda
la Península debía de estar bajo el gobierno cristiano.
Tanto la conciencia histórica vigente en el siglo XIII
como la situación étnica y lingüística, permiten calificar como «reconquista» este avance cristiano.

Los protagonistas principales de las conquistas del siglo XIII fueron Fernando III de Castilla (1217-52) y
de León desde 1230, y Jaime I de Aragón y Cataluña
(1213-76). Ambos monarcas llegaron al trono tras minorías turbulentas. Ambos eran hombres de una gran capacidad y energía, centrados en la idea de la prosecución
de la *Reconquista* (en el sentido psicológico a que nos
acabamos de referir), con capacidad para inspirar confianza en su dirección y para colaborar entre sí en el
reparto de «esferas de influencia» entre sus reinos res-
pectivos. El papel desempeñado por las tropas catalanas fue algo inferior al de las castellanas, por dos razones fundamentales: por los compromisos catalanes en
el sur de Francia, donde había muerto Pedro II de

Aragón en 1213, en defensa de la causa albigense en la batalla de Muret; y en segundo lugar, a la gran entrega de Cataluña a las empresas comerciales y de navegación por el Mediterráneo.

El desastre de Las Navas de Tolosa provocó en seguida una revolución política en al-Andalus. Los hispano-musulmanes nativos siempre habían odiado el gobierno impuesto por los africanos. La única justificación de la duración de este gobierno, superior a un siglo, había sido la debilidad de las fuerzas musulmanas para contener el avance cristiano. Pero una vez que los almohades tampoco pudieron ya defender Andalucía contra los invasores del norte, no había por qué tolerar el gobierno almohade. Hacia 1220 un jefe llamado Ibn Hud, vástago de una gran familia hispano-musulmana de Zaragoza, fue deponiendo uno a uno a todos los gobernadores provinciales almohades. Sin embargo, careciendo de poder suficiente como para constituir un reino absolutamente independiente, se hizo tributario de Fernando III, de la misma manera que los reyes de Taifas del siglo XI lo habían sido de Alfonso VI. Por una serie de tratados firmados entre 1224 y 1236, Fernando obtuvo grandes sumas de dinero, así como llegó a un acuerdo para la ocupación pacífica de unas cuantas ciudades andaluzas por parte de sus conquistadores cristianos.

El triunfo de Ibn Hud coincidió con el momento en que Fernando III alcanzó la potestad plena en el reino de León. Había heredado el trono a la muerte de su padre, en 1230, y había necesitado unos cuantos años para pacificar su nuevo dominio. Fernando, que más tarde sería canonizado, estaba profundamente imbuido por la psicología de cruzada. Las crónicas dicen que mató y sometió a torturas a muchos herejes, y una vez que hubo conseguido el poder absoluto en Castilla y en León, su gran ambición fue realizar la conquista de toda Andalucía. Sus exigencias a la ciudad de Córdoba resultaron inaceptables para Ibn Hud. Por ello en 1236 Fernando puso sitio, con éxito, a la antigua capital del califato. Sus propios partidarios depusieron a Ibn Hud al no poder defender la ciudad, y ningún otro jefe musulmán fue capaz de dirigir una resistencia unificada.

Fueron más los problemas logísticos y de población que las dificultades militares los que decidieron el ritmo posterior de la conquista cristiana. Jaén cayó en poder de Fernando en 1246 debido a un acuerdo, por el que un protegido musulmán del rey castellano pasó a ser rey de Granada. La última gran ciudad, Sevilla, fue conquistada en 1248 tras un difícil asedio, en el que se emplearon también fuerzas navales traídas desde las costas cantábricas, rodeando Portugal, y que bloquearon la desembocadura del Guadalquivir, cortando el aprovisionamiento desde Africa. Mientras tanto, en 1229, una expedición naval catalana se había apoderado de Mallorca, en 1238 un ejército aragonés había puesto sitio y tomado Valencia, y en el mismo año, los portugueses, previamente de acuerdo con Castilla, habían tomado Tavira, completando así la conquista del Algarve. Con ello, a partir de 1248, solamente el reino de Granada permanecía en poder de los musulmanes. Su existencia favorecía a Castilla, ya que Granada le pagaba un gran tributo y servía como refugio a toda la población musulmana expulsada de sus hogares hacia otras zonas de los antiguos dominios almohades.

La rápida ocupación militar de Andalucía, llevada a cabo en sólo treinta años, planteó a sus conquistadores tremendos problemas políticos y económicos. Habían conquistado unos territorios densamente poblados, con un complejo sistema económico, tanto rural como urbano. Carecían completamente de una artesanía de metales, pieles y tejidos, así como de los conocimientos sobre botánica y sistemas de irrigación necesarios para mantener el funcionamiento de esta economía. Su mentalidad de soldados les llevaba a esperar la recompensa a sus hechos de armas, y muchos consideraban su vida como una emigración permanente del duro clima de la meseta castellana. En los primeros tiempos, tras la conquista, las prósperas granjas musulmanas pasaron a manos de propietarios cristianos, que esperaban poder vivir de sus beneficios sin tener que desplazar a la población

que las trabajaba. De las ciudades, por el contrario, se
expulsó a los habitantes musulmanes, en parte como
medida de seguridad militar y en parte para conceder
bienes raíces a los soldados conquistadores. Esta expulsión de los artesanos y mercaderes musulmanes provocó una terrible decadencia de toda la economía urbana de la España del sur. La consecuencia inmediata
fue el odio de estos refugiados políticos, la mayoría de
los cuales se contaban entre los elementos más produc-
tivos y capaces de la población, y que se vieron en este
momento empujados hacia el reino de Granada, ya muy
superpoblado.

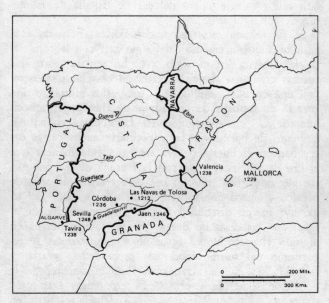

Mapa 4.   La Reconquista en el siglo XIII

La dureza de la situación económica, junto con el des-
plazamiento de la población de los centros urbanos, provocó el rápido estallido de una revuelta en el campo.
En la década de 1260, Alfonso X de Castilla (1252-84)
y Jaime I de Aragón se vieron obligados a expulsar a

la mayoría de sus trabajadores musulmanes de sus tierras andaluzas y murcianas, forzándoles a emigrar al
norte de Africa o a Granada. La falta de esta mano
de obra agrícola especializada hizo que las tierras antes
dedicadas al cereal y los frutales se transformasen en
tierras de explotación ganadera. Al mismo tiempo, muchos de los soldados cristianos que habían recibido
granjas durante los veinte años anteriores, volvieron a
emigrar al norte de España, vendiendo sus propiedades
a bajo precio a las órdenes militares y a los jefes guerreros, que eran ya los más grandes terratenientes de
la Andalucía cristiana. De esta época datan los grandes
latifundios característicos del sur de España desde mediados del siglo XIII.

Se siente una inevitable inclinación a comparar esta
gran reconquista andaluza del siglo XIII con la conquista de América en el siglo XVI. En ambos casos, las
fuerzas cristianas, bajo la dirección castellana, mostraron una energía increíble, un gran valor militar y una
mezcla de espíritu de cruzada y de afán de enriqueci-
miento. El oro conseguido en Las Navas constituyó
el punto de partida de las especulaciones bancarias del
rey Sancho el Fuerte de Navarra, de igual manera que
el oro de los incas acrecentó la fortuna de los banqueros alemanes de Carlos V. Los bienes raíces urbanos de
México y Cuzco que sobrevivieron a la invasión del siglo XVI fueron distribuidos entre los conquistadores, al
igual que las casas de Baeza, Ubeda, Jaén y Sevilla en
el siglo XIII. En ambos casos, los conquistadores se re-
partieron del mismo modo las propiedades agrarias y
la población que las trabajaba. Pero el carácter de la
población sometida y el sistema económico eran muy
diferentes. Los musulmanes de Andalucía estaban en
una situación mucho más avanzada que los cristianos,
tanto en agricultura como en artesanía urbana, y la densidad de población de Andalucía era muy superior a
la de Castilla y León, mientras que en el siglo XVI, los
españoles conquistaron en América tierras con una densidad de población muy inferior a la andaluza y con

una economía y tecnología mucho menos desarrollada que la de los conquistadores.

Los musulmanes de Valencia y Alicante, territorios pertenecientes a la corona de Aragón-Cataluña, sufrieron también una explotación económica, aunque no se produjo un trasiego de población tan importante. La crónica de Jaime I nos refiere cómo los ejércitos del rey no deseaban de modo unánime ocupar Valencia. Los clérigos y los cruzados querían apoderarse de la ciudad, pero gran parte de los caballeros hubiera preferido dejarla en manos de los musulmanes, sometiéndola a cargas tributarias temporales en vez de gobernarla directamente. En cualquier caso, no se produjo una expulsión de población en tan gran escala, ni tampoco en Valencia se constituyeron esos enormes latifundios. Por el contrario, la corona distribuyó las casas una por una, junto con un huerto, una viña y una cantidad de tierra que oscilaba entre los tres y los doce acres. En Valencia, como en el valle del Ebro, los habitantes musulmanes conservaron su posición de artesanos urbanos y de agricultores, sometidos a señores cristianos. Las unidades de tierra fueron mucho menores que en Andalucía y se conservó en mucho mayor grado que en las provincias conquistadas por Castilla el nivel técnico y, por tanto, la prosperidad tradicional. Pero mucho más significativo que el gran contraste existente entre los métodos castellanos y aragoneses resulta el que la España cristiana no fuera capaz de asimilar de verdad sus rápidas conquistas militares llevadas a cabo entre 1212 y 1248. Hasta 1609, en que Felipe III expulsó a los moriscos, la soberanía cristiana no quedó firmemente asentada en las zonas rurales y montañosas del sur, y aún hoy día, la economía andaluza no se ha recuperado completamente de los grandes descalabros que sufrió en el siglo XIII.

Sin embargo, a partir del siglo XIII las formas políticas, sociales y culturales dominantes en España han sido las cristianas, y la capacidad de esta sociedad cristiana para explotar, adoptar, asimilar o rechazar diferentes aspectos de las culturas islámica y judía ha de-

terminado el carácter de la civilización española por
lo menos hasta mediados del siglo XVIII. Incluso la
civilización de la España actual está influida por esta
rica herencia medieval compuesta de elementos cristianos, hebreos e islámicos. Por ello vale la pena analizar
con cierto detalle tanto los componentes aislados como
su mutua interacción, de esta herencia medieval.

En los estados cristianos de comienzos de la Reconquista predominaba el esquema social tripartito de división entre los que hacen la guerra, los que rezan y los
que trabajan la tierra. A pesar de sus fronteras permea-
bles, de sus luchas dinásticas internas y de la escasa
importancia de la vida urbana, se desarrollaban en ellos
de manera gradual instituciones políticas de carácter
constitucional y con reparto del poder. Todas ellas
eran monarquías laicas en las que los reyes no sólo
respetaban, sino que incluso impulsaban la autoridad
temporal de los monarcas. Al ser los clérigos la única
clase letrada de la sociedad, gozaban de una gran influencia en su calidad de consejeros y diplomáticos,
influencia que se vio incrementada por su papel como
transmisores de los métodos agrarios y de construcción
vigentes en Francia.

Pero era muy clara la distinción entre la autoridad
soberana religiosa y la temporal, por lo que estos reyes
cristianos nunca fueron objeto de algo semejante a un
culto imperial. Su autoridad dependía del grado de legitimidad de sus derechos sucesorios, y de la capacidad
y energía desplegada en el cumplimiento de sus funciones políticas y militares. Aunque afirmasen gobernar
por la Gracia de Dios, nunca pretendieron ser par-
tícipes de la Divinidad y sus súbditos nunca se postra-
ron ante ellos en las audiencias reales. En cambio, el
califa y los más pretenciosos de los reyes de Taifas eran
en teoría, y a veces también en la práctica, los árbitros
supremos de todos los asuntos religiosos y políticos. Por
el contrario, los reyes cristianos se comportaron siempre como hijos obedientes de la Iglesia y reconocieron
siempre unos límites legales a su poder temporal. A diferencia también de las prácticas musulmanas, las mo-

narquías cristianas se encaminaban hacia el reconocimiento de la primogenitura como regla sucesoria. Pero esto no evitó que se produjesen frecuentes guerras civiles entre los herederos al trono, aunque en cierto modo la situación fue en los reinos cristianos menos inestable que en los musulmanes, en los que podían disputarse el trono, con igual derecho, un número ilimitado de hijos de diferentes madres.

8. Un rey recibe el homenaje de sus vasallos. Ilustración de un manuscrito de fines del siglo XIV.

Las condiciones de la vida de frontera y la relativa escasez demográfica permitieron la conquista de derechos legales por parte de las clases sociales menos favorecidas. En el siglo XII los siervos de los antiguos

reinos de Galicia, León, Navarra y Aragón vieron elevada su condición, mientras que apenas existía la ser-
vidumbre entre los rudos y tenaces campesinos castellanos. Las mujeres conservaban el derecho de propiedad
de sus propias dotes, y con frecuencia administraban
los bienes territoriales de sus maridos durante sus
ausencias en la guerra. El gran énfasis puesto por la
Iglesia en la monogamia, que contrastaba con las instituciones sociales del Islam, implicaba la igualdad legal,
y en algunos casos práctica, entre los sexos. Para ocupar
y repoblar sus territorios en expansión, los reyes otorgaban documentos legales, *fueros*, a los fundadores de
nuevas ciudades. En estas cartas se incluía siempre el
derecho a la constitución de un concejo ciudadano con
jurisdicción sobre toda el área rural circundante, que
controlaba los impuestos y la milicia locales, con derecho de administración de justicia y con libertad de do-
micilio. La elección de alcaldes y jueces recaía unas
veces en los propios vecinos, otras era el rey quien
hacía la designación y en ocasiones se combinaban ambos sistemas. Los detalles variaban en cada fuero, y
resulta imposible saber con seguridad hasta qué punto
el gobierno de las ciudades respondía a las prescripcio-
nes legales, pero existía una clara tendencia hacia un
gobierno legal con división de poderes y definiciones
explícitas de derechos y jurisdicciones.

Los comienzos de las instituciones parlamentarias datan también de finales del siglo XII. La primera reunión
de Cortes de que tenemos noticia tuvo lugar en León
en 1188, y en ella estuvieron representados de modo
independiente la nobleza, el clero y los municipios.
Hacia mediados del siglo XIII, se celebraban reuniones
de Cortes en León, Castilla, Aragón y Cataluña. Los
reyes las convocaban a voluntad para votar subsidios,
y a menudo se servían tanto de los gobiernos municipales como de las Cortes para ganarse al estamento
burgués y contrarrestar la influencia predominante de
los nobles en la política nacional. También en el siglo XIII los municipios crearon sus propias milicias
(Hermandades en Castilla, Comunidades en Aragón) para

colaborar (u oponerse) con los ejércitos del rey, de los grandes nobles o de las órdenes militares. La consolidación pacífica de tales instituciones colaboraba a la formación de un gobierno constitucional, con una base de poder muy amplia. Los enfrentamientos y conflictos jurisdiccionales entre ellos hicieron brotar la constante tensión política y el estado endémico de guerra civil que caracterizó los siglos medievales. Este sentido de participación política, junto con la favorable situación económica producto de la expansión, debió de contribuir de manera sustancial a la energía extraordinaria de los reinos cristianos. En estos largos siglos en que se alternaron las situaciones de convivencia con las de conflicto con al-Andalus, uno de los principales logros de la España cristiana fue el desarrollo de unas formas políticas más democráticas, estructuradas constitucionalmente y menos arbitrarias que las vigentes en la España musulmana.

Pero los factores militares y económicos actuaron como poderosa cortapisa de las corrientes constitucionales. Ya en el siglo XII se habían cedido a las Ordenes Militares los territorios fronterizos de Extremadura y Castilla la Nueva, y sus grandes dominios funcionaban como entidades independientes. En este mismo siglo, el expansivo reino aragonés experimentó un gran aumento de su población tanto rural como urbana en la región del valle del Ebro y en ningún momento se pensó en dar una representatividad a los musulmanes, aunque los señores cristianos les otorgasen con frecuencia una condición económica relativamente favorable. La tradición foral siguió estando muy arraigada en las provincias montañosas del norte, Asturias, Navarra y Alto Aragón y en la meseta de Castilla la Vieja, regiones en que la autonomía local y la igualdad social se veían favorecidas por la inexistencia de población musulmana y por el aislamiento geográfico. En la costa oriental de la Península, la ciudad de Barcelona se convirtió en uno de los grandes emporios comerciales y navales del Mediterráneo. Llegó a ser prácticamente una ciudad-estado, gobernada por una oligarquía de ricos

burgueses que no concedió una representatividad real a
las clases urbanas inferiores ni al campesinado circundante, hasta que la revolución social del siglo XV les
obligó a realizar concesiones.

A comienzos del siglo XIII, antes de la meteórica conquista de Andalucía y del litoral levantino, había en
Castilla unos 3 millones de habitantes y medio millón
aproximadamente en el reino de Aragón. La conquista
de Andalucía supuso para Castilla un incremento de
unos 300.000 (10 por 100). Con la ocupación del reino
de Valencia, Aragón vio su población súbitamente incrementada en unas 150.000 personas (un 30 por 100).
la mayoría de los cuales eran musulmanes. Después de
1270, es decir, después de las revueltas campesinas que
provocaron la deportación de miles de musulmanes a
Africa o al reino de Granada, la población musulmana
de Valencia y Murcia seguía representando aproximadamente el 20 por 100 del total. En tales circunstancias
quedaba fuera de lugar la implantación de los *fueros*
municipales al estilo del norte, o la representación en
Cortes. Las mejores tierras andaluzas se otorgaron a los jefes militares, y tales concesiones constituyeron la base de
los grandes latifundios ganaderos o cerealísticos predomi-
nantes desde entonces en esa parte de España. En Murcia
y Valencia, los fundos eran de menor extensión, pero la
existencia de una gran mayoría musulmana suponía
una amenaza constante para el gobierno cristiano. Hablando en términos generales, en las tierras conquistadas
durante los siglos XII y XIII, la organización militar, el
espíritu de cruzada, una economía ganadera (en Extremadura, Castilla la Nueva y algunas partes de Andalucía), o una economía agraria basada en el trabajo de
una casta sojuzgada (valle del Ebro, Valencia y Murcia),
fueron factores que, combinados con un sentimiento
de superioridad cristiana, impidieron el desarrollo de
un constitucionalismo rudimentario como el del norte
de España.

La estructura social sufrió alteraciones sustanciales
en diferentes partes de los territorios de los dos grandes
reinos, Castilla y Aragón. Consideremos primero el caso

de Castilla. En el norte están situadas Galicia y la cordillera cantábrica, provincias húmedas y con gran cantidad de arbolado. En ellas predominaban los pequeños campesinos, leñadores y pescadores que vivían en pequeñas comunidades relativamente aisladas. Las peregrinaciones a Santiago y el comercio de exportación de lana a Inglaterra y Flandes servían para poner a estas regiones en contacto con el mundo exterior. Los monasterios, en su mayoría cistercienses, difundían entre sus inmediatos vecinos las influencias culturales franceses y románicas. Pero en términos generales, la población de estas regiones llevaban una vida tradicional, tranquila y muy independiente de una comunidad a otra. Existía una gran homogeneidad de población y eran muy pocos los mozárabes, judíos o musulmanes. Hubo algunos inmigrantes franceses, sobre todo en el siglo XII, pero en general su asimilación fue muy rápida, por tener la misma religión y un idioma y formas de vida muy parecidos.

En la vertiente meridional de la cordillera cantábrica y en toda la meseta de León y Castilla la Vieja, existía una sociedad de pastores y agricultores. Las ciudades eran muy pequeñas, pero jugaban un papel muy importante en el proceso de ampliación y repoblación de la frontera. Gozaban de una gran autonomía, garantizada por los fueros otorgados por los monarcas para contrarrestar la influencia de la nobleza. Casi toda su producción artesanal y su comercio estaban en manos de mozárabes o judíos. Las ferias comerciales que se reunían anualmente en las principales ciudades tenían más importancia que las mismas manufacturas elaboradas en León y Castilla en la introducción de los «bienes de consumo» en esta región.

Más al sur, las zonas de Toledo, Badajoz y La Mancha estaban dominadas por las órdenes militares con sus grandes dominios fronterizos dedicados a la cría de ganado vacuno y lanar. La antigua ciudad de Toledo, en la que había ahora una importante escuela de traductores, y que contaba con grandes barrios mozárabe, judío y musulmán, era un centro de una vida

cosmopolita, artística e intelectual superior a la de las
otras ciudades de la meseta. Si exceptuamos a Toledo,
los horizontes culturales eran reducidos como en el
norte, y las diferencias económicas y sociales entre los
grandes y pequeños propietarios resultaban mayores,
mientras que el poder de las órdenes militares impedía
la formación de una elemental democracia. Finalmente,
en Andalucía, a fines del siglo XIII, la tierra estaba muy
concentrada en manos de una nueva nobleza aparecida
en el período de conquista rápida. Las expulsiones masivas de población musulmana habían hecho decaer tanto la vida de las ciudades como la economía agraria,
pero seguían existiendo importantes comunidades musulmanas y judías, que conferían a la sociedad andaluza
una fisonomía diferente a la de ambas Castillas.

También en los territorios de la corona de Aragón
existían grandes contrastes. Los valles pirenaicos del
alto Aragón y de las regiones montañosas de Cataluña
estaban habitados por una sociedad de pequeños campesinos, tradicionalista, aislada y relativamente homo-
génea. Tenían un contacto más estrecho con Francia
que las comunidades de Galicia y León, pero por lo
demás su estructura y formas de vida eran muy semejantes. En su expansión hacia el sur y el este, a lo
largo del Ebro, se convirtieron en señores de una
población musulmana con una gran especialización, que
había regado y cultivado este valle durante cuatro siglos. La escasez numérica de los cristianos, el compromiso de sus recursos políticos y militares en el sur
de Francia y el estar acostumbrados a la proximidad
física de la comunidad musulmana (al no existir una
llanura amplia y vacía entre las ciudades montañosas
y el valle del Ebro), pueden ser factores que expliquen
que los aragoneses no expulsaran a los musulmanes,
sino que se limitaran a gobernarlos y explotarlos. Siguieron una política semejante en su expansión hacia
Valencia y por la costa mediterránea, de forma que el
reino de Aragón tuvo en la Edad Media una proporción de población musulmana, tanto agraria como urbana, muy superior a la de Castilla.

Mientras tanto Barcelona, y en menor grado Tortosa,
se fueron convirtiendo en importantes centros comerciales. La región costera catalana había sido desde el
comienzo de la dominación islámica el pasillo natural
que comunicaba, comercial y culturalmente, a al-Andalus
con Europa occidental. La Iglesia catalana había estado
bajo la jurisdicción del arzobispo de Narbona. Ni el
rito mozárabe, ni los fueros típicos de las zonas fronterizas, ni las Ordenes Militares habían ejercido aquí
ninguna influencia. El idioma se parecía más al pro-
venzal que al castellano, y en Cataluña se generalizaron
las formas francesas de propiedad de la tierra, familiares
y de organización mercantil. En el siglo XII había ya
surgido una burguesía autóctona de gran fuerza. Las
navegaciones catalanas rivalizaron con las de las ciudades italianas y adquirieron una importancia creciente
en el comercio con los puertos norteafricanos. Al conquistar Mallorca en 1229, los catalanes expulsaron de
ella a los campesinos musulmanes e instalaron en sus
tierras a veteranos de la misma campaña. Como en el
caso de Andalucía, los riesgos militares típicos de la
frontera, junto con la necesidad de recompensar a los
soldados y marineros, obligaron a la expulsión.

El resultado social de este variado proceso evolutivo
es que la corona de Aragón albergó, por lo menos, tres
tipos de sociedades muy diferentes: una tradicional,
cristiana y agraria, en el norte; otra próspera, consi-
derablemente urbanizada, en la que una minoría cristiana dominaba a una mayoría musulmana, en el bajo
Ebro y en la costa levantina, y en la costa catalana, finalmente, una sociedad agresiva, comercial y marinera,
con muy pocos musulmanes, y con la única burguesía
digna de tal nombre que había en España. A pesar de
que la población y el territorio de Aragón y Cataluña
eran mucho más pequeños que los castellanos, las Cortes eran independientes en Aragón, Cataluña y Valencia.
Ello es consecuencia tanto del carácter extremadamente
heterogéneo de las propiedades de la corona como de
la inferior energía militar de una realeza que estaba

muy comprometida en la política francesa y que tenía que otorgar un «status» de ciudad-estado virtualmente independiente a Barcelona y a su «hinterland».

Los gobiernos de ambos reinos carecían de suficiente información y del personal adecuado para gobernar sus dominios heterogéneos. Ambos tenían que hacer frente a constantes luchas dinásticas. Aragón estaba muy comprometido en los asuntos franceses y mediterráneos. La aspiración de Castilla era conquistar el norte de Africa y absorber a Portugal. Cuando se completó la reconquista militar de la Península, con la deliberada excepción de Granada, las grandes familias y las Ordenes Militares canalizaron sus belicosas energías hacia las luchas internas. La nobleza, apoyándose en sus funciones militares, exigía la exención tributaria y el monopolio de las funciones de gobierno, en vez de compartirlas con la insignificante y despreciada burguesía. Había que ocuparse de la venta de la lana, de la conservación de los bosques y de las tierras de labranza, del cuidado de los grandes rebaños, del abastecimiento de armas, de la organización de las ferias comerciales y de la importación y pago de los artículos de lujo. También había que saber aproximadamente los bienes disponibles en las diferentes partes del país, había que recaudar los impuestos y negociar con naciones que no hablaban castellano.

Para llevar a cabo todas estas funciones, salvo en la ciudad-estado de Barcelona, ambos reinos tuvieron que recurrir con frecuencia a los judíos. Vicens Vives y Nadal, hasta el momento autores de los mejores trabajos sobre demografía, dan una cifra de unos 200.000 judíos en el año 1391 (momento en que empezaron las grandes persecuciones y las conversiones forzadas) y calculan en 100.000 los judíos incorporados a Castilla con la conquista de Andalucía. Por el contrario, el gran historiador judío Yitzhak Baer ha comprobado que en las listas de impositores castellanos correspondientes a 1290 solamente aparecen 3.600 familias judías sometidas a impuesto en todo el reino, lo que indicaría que el número máximo de judíos castellanos sería unos

20.000; teniendo en cuenta que la población de Castilla era seis veces superior a la de Aragón y Cataluña
juntas, y generalizando estas cifras, obtendríamos un
total de unos 22.000 judíos para toda España. Junto
a esto, y siguiendo a Baer, prácticamente no había judíos en las ciudades andaluzas al producirse su conquista hacia 1240. Vicens y Nadal piensan también que
la población española casi se dobló desde finales del
siglo XII hasta comienzos del XV, pasando de 3 a 6 millones de habitantes la castellana y de 500.000 a 1.000.000
la aragonesa. Concluyendo, como parece razonable, que
también la población judía se dobló, no alcanzaríamos
a explicar el gran salto existente entre la cifra de 20.000
y la de 200.000. Además, conviene recordar que tanto
las cifras manejadas por Vicens-Nadal como por Baer
son de validez muy discutible. Por tanto, cualquier valoración cuantitativa que se haga aportará mayor confusión que claridad. Lo importante es que los judíos
desempeñaron un papel en la España medieval muy
superior a su número, papel que podemos conocer y,
en parte, explicar.

Las comunidades judías habían existido en Levante
y Andalucía, por lo menos desde los primeros tiempos
romanos. Los visigodos las habían perseguido, y en conjunto, entre 711 y 1100, los judíos habían preferido la dominación musulmana. Los emires y califas cordobeses y
los reyes de Taifas mantuvieron, casi sin excepción, una
política tolerante en relación con los «pueblos del libro», es decir, judíos y cristianos, cuyas religiones se
consideraban como escalones intermedios hacia la revelación final que había sido transmitida a Mahoma.
El derecho musulmán consideraba a judíos y cristianos
como comunidades independientes, con una autonomía
interna considerable en lo relativo al pago de impuestos,
justicia, sanidad pública, regulaciones comerciales, et-
cétera. Los soberanos de los pequeños reinos cristianos
de los primeros tiempos medievales imitaron estas prácticas islámicas y, desde los primeros momentos, las aljamas de León, Castilla, Navarra, Aragón y Cataluña
controlaban la administración interior de sus pueblos

y eran colectivamente responsables de los impuestos
asignados por la corona.

Mientras se mantuvo la tolerancia del gobierno islámico, la gran mayoría de los judíos hispánicos vivieron
en al-Andalus. Pero a partir de 1100 la intolerancia
de almorávides y almohades, junto con el gran crecimiento económico de los reinos cristianos, fomentaron
la emigración judía hacia el norte de España. Cuando
conquistó Toledo (1085), Alfonso VI había confirmado
sus perrogativas de autonomía a las comunidades mozárabe, musulmana y judía de la ciudad. En el siglo XII,
los nuevos monarcas cristianos de la región del valle
del Ebro y del Levante valoraron y protegieron las
funciones desempeñadas por musulmanes y judíos. En
Castilla la Vieja y en el norte, los judíos fueron objeto
de cierta hostilidad, como «extranjeros» y «bribones
urbanos», en medio de una población de austeros campesinos, pero podían tener propiedades inmuebles y
ejercer cualquier oficio sin restricciones de ningún tipo.

Las ocupaciones de los judíos eran, en proporción,
de carácter más urbano que las de los cristianos, pero
teniendo muy en cuenta este «en proporción» para no
caer en un prejuicio muy extendido, incluso en nuestros
días. Los oficios habituales, según los registros de las
aljamas, eran los de tejedor, curtidor, zapatero, tintore-
ro, carpintero, herrero, guarnicionero, peletero y alfa-
rero. Los fueros municipales hacen también menciones
específicas a tierras poseídas por o arrendadas a judíos.
Los soldados profesionales judíos eran relativamente
pocos, pero las comunidades judías instaladas en tierras
monásticas o de Ordenes Militares ocupaban con frecuencia fortalezas fronterizas y pagaban menos impuestos a cambio de prestaciones militares, al igual que los
cristianos. Las diferencias sociales dentro de las comunidades judías eran menos profundas que entre los
cristianos, ya que carecían de una nobleza hereditaria
y de una casta militar.

Las formas de vida de las comunidades judías eran
sobrias y austeras, como las de sus vecinos castellanos.
Los matrimonios se celebraban a muy temprana edad

y no iban precedidos de un noviazgo romántico. Las disposiciones sobre el divorcio eran menos liberales que las del Talmud. Se castigaba el adulterio de diversos formas, y existían muy pocos hijos ilegítimos. Los señores estaban obligados a casarse con sus concubinas y la poligamia, aunque permitida, era poco frecuente. Al igual que en la España cristiana, la violencia privada, a pesar de la severidad de las leyes y prohibiciones, era muy grande. En contraste con la España cristiana, la comunidad apoyaba decididamente la educación, y el grado de cultura era muy superior entre los judíos que entre los cristianos. La migración de los judíos andaluces hacia el norte durante el siglo XII y comienzos del XIII se produjo en medio de grandes tensiones sociales, dado que éstos, provenientes de un mundo muy urbanizado y civilizado, calificaban de patanes a sus correligionarios del norte. Algunos ricos judíos andaluces, cuyos servicios eran especialmente valiosos para los reyes debido a su familiaridad con las cuestiones políticas árabes y musulmanas, quedaron con frecuencia exentos de la jurisdicción legal y de las responsabilidades fiscales colectivas de las aljamas locales. Como es lógico, estos privilegios provocaban una gran envidia. Los rabinos del norte de España se oponían también con vehemencia a la influencia intelectual de Maimónides, objetando que el racionalismo de su *Guía de los dubitantes* minaba la fe de los ortodoxos.

Alfonso X fue el primer soberano de una Castilla que se extendía desde la costa cantábrica hasta el extremo de Andalucía, y mostró un gran interés hacia las tres comunidades religiosas. Su suegro Jaime I de Aragón tuvo parecido interés por sus súbditos de las tres religiones, al igual que casi todos sus descendientes en el siglo XIV. Este interés se debía tanto a su tolerancia personal como a una necesidad política. Según las concepciones legales europeas, al igual que en las musulmanas, las comunidades religiosas constituían organismos independientes que debían obediencia a un mismo rey, pero que no estaban enlazadas entre sí por ningún tipo de sentimiento «nacional». Los judíos, minoría

muy reducida que no llegó a superar, según los cálculos
más optimistas, el 4 por 100 de la población, eran casi
una propiedad privada de la corona. El rey protegía
esta propiedad al igual que cualquier otra; recíproca-
mente, en cualquier revuelta armada contra el rey, los
rebeldes atacaban a los judíos como forma de ataque
al monarca.

Dejando aparte su utilidad como propiedad de la
corona, los judíos eran los intermediarios natos entre la
España musulmana y la cristiana. La educación judaica
implicaba con frecuencia el dominio tanto del árabe
como del castellano, y muchos judíos tenían relaciones
familiares en ambos lados. Y lo que quizá fue más importante: a nivel intuitivo y oral, la cultura judía sirvió como intermediaria entre la musulmana del sur y
la cristiana del norte. Los judíos se asemejaban a los
cristianos por la importancia concedida a la monogamia,
por su preocupación por evitar los matrimonios mixtos,
por la valoración dada a la laboriosidad y sobriedad, y
por la mayor dignidad que otorgaban a la mujer en
las leyes y en las costumbres. Su semejanza con los
musulmanes radicaba en su civilización urbana, su habilidad como artesanos, sus especulaciones filosóficas
y sus preocupaciones científicas e intelectuales. La actitud de algunos elementos eclesiásticos y el gran fervor
religioso producido por las cruzadas constituían un peligro latente de persecución. Pero en los siglos XI y XII
los judíos de la España cristiana no sufrieron discri-
minaciones legales de ningún tipo.

Durante el siglo XIII dominaron tendencias contradic-
torias. Por una parte, la mayoría de los judíos ordinarios continuaron su trabajo habitual desde tiempo atrás
como artesanos y agricultores. También participaron en
la reconquista de Andalucía, siendo recompensados con
casas y tierras como los demás participantes cristianos.
Pero la cruzada albigense francesa y la aparición de
las Ordenes mendicantes provocaron una nueva corriente de intolerancia en el seno mismo de la Iglesia. El
Papa Inocencio III y sus sucesores multiplicaron sus
advertencias a los reyes de Aragón y de Castilla en

contra de los judíos, mientras que los frailes dominicos exigían repetidamente su conversión en masa. Pero la tolerancia era para los reyes cristianos tanto una tradición como una exigencia y por ello, a la vez que hacían concesiones verbales e incluso legales ante las presiones de la Iglesia militante, en general siguieron sirviéndose de funcionarios judíos y protegiendo a las comunidades judías existentes.

Fue quizá en el campo de las finanzas en el que los judíos prestaron servicios más valiosos a los monarcas cristianos. También en este punto es imprescindible comprender todo el contexto del problema, olvidando las enraizadas tradiciones antisemíticas basadas en la ignorancia y en énfasis erróneos. La Iglesia prohibía el préstamo con interés entre los cristianos. El Talmud contiene similares disposiciones para los judíos en relación con sus correligionarios. Pero judíos y cristianos podían prestarse dinero unos a otros. Tanto los judíos como los cristianos y musulmanes solían constituir sociedades para hacer inversiones y explotar los beneficios de sus negocios sin incurrir en «usura». Era también habitual en aquellos casos en que un hombre de negocios debiera irremisiblemente prestar dinero a un correligionario el que un cristiano sirviese de corredor en un empréstito entre judíos y que un judío hiciese lo propio si se trataba de un empréstito entre cristianos.

Existía una clara conciencia de la necesidad de los préstamos a interés. El interés, comparado con los índices modernos, era usurario. En el siglo XIII, las Cortes de Barcelona fijaron el máximo en un 20 por 100, y en tiempos de Alfonso X de Castilla el índice máximo llegó al 33 por 100. Esta diferencia en cuanto a los índices se debe al mayor desarrollo comercial de Cataluña frente a Castilla, pero la carencia de un sistema monetario estable, de caminos seguros o de vías de navegación y de garantías legales en caso de robo, son factores que explican la cuantía de estos porcentajes en comparación con los intereses bancarios modernos. Los cristianos, incluso los clérigos, prestaban dinero con interés. Por tanto, ni la práctica del préstamo ni las tasas elevadas eran características distintivas de los judíos.

Las Ordenes Militares y los grandes magnates terratenientes se servían frecuentemente de los judíos para la supervisión económica y financiera de sus grandes latifundios. Los reyes, al carecer de una organización interna de sus finanzas, practicaban el arrendamiento de los impuestos, sistema por el que se encargaba a un particular la percepción de los impuestos en nombre del rey a cambio de una comisión. Muchos arrendatarios de impuestos eran judíos, pero no por deseo del rey, sino, como el mismo rey manifestaba con frecuencia, porque los cristianos no se prestaban para esta ocupación tan peligrosa e impopular. Algunos testimonios fragmentarios (que sin embargo coinciden unos con otros) parecen probar que las comunidades judías pagaban una proporción muy alta de todos los impuestos recaudados por los reyes de Castilla y Aragón. Por ejemplo, las listas impositivas de la corona de Aragón en el año 1294 indican que los judíos pagaron el 22 por 100 del total de los impuestos recogidos. Los judíos no debieron de llegar al 3 ó 4 por 100 de la población total, y tampoco se registran en las listas impuestos especiales, como los satisfechos para misiones diplomáticas, viajes y matrimonios reales, etc.

Las transacciones financieras originaron otras formas de contactos sociales entre cristianos y judíos. Los judíos eran frecuentemente padrinos y testigos de bautismo de sus socios cristianos, mientras que los cristianos hacían lo mismo en las circuncisiones y matrimonios judaicos. En las ciudades pequeñas, al igual que entre las familias ricas, un judío y un cristiano actuaban conjuntamente como notarios en los contratos de negocios y testamentos. Los matrimonios mixtos se hicieron cada vez más frecuentes a partir del siglo XIII entre las familias ricas de ambas comunidades, a pesar de la oposición de las autoridades religiosas y de la gente sencilla de ambos grupos.

La prosperidad de los judíos españoles fue aumentando y sus relaciones económicas y personales con los cristianos fueron cada vez más estrechas, pero nunca se sintieron completamente seguros. A finales del siglo XII, las incursiones fronterizas de los almohades fueron atribuidas a las intrigas judías y se produjeron ataques contra las aljamas judías. Al morir en 1230 Alfonso IX de León, la resistencia a la reunificación de León y de Castilla fue acompañada por ataques contra los judíos, a los que se acusaba de apoyar el centralismo castellano. La política de los monarcas del siglo XIII fue vacilante. Jaime I de Aragón siempre se consideró amigo de los judíos y monarca tolerante e ilustrado. Cuando conquistó el reino de Valencia, otorgó a los judíos importantes concesiones en el comercio de granos, aceite y ganado, autorizándoles a conservar su propio barrio en la capital. Los agricultores judíos levantinos, lo mismo que los cristianos, tenían siervos musulmanes. La conversión al cristianismo era uno de los procedimientos de emancipación de estos siervos. El rey atendió las reclamaciones de los señores judíos para frenar los esfuerzos proselitistas de la Iglesia y dificultar estas manumisiones. Pero en 1254 (el mismo año en que Luis IX de Francia, que acababa de volver de la Cruzada, expulsó a los judíos y canceló todas las deudas hacia ellos) Jaime I confiscó en nombre de la corona las deudas contraídas con los judíos aragoneses, «por la salvación de nuestra alma» y para castigar las abiertas violaciones de los edictos reales.

También Alfonso X de Castilla se consideró amigo de los judíos, concedió tierras, casas y molinos a los judíos toledanos en la repoblación de Sevilla, y equiparó en su trato a los judíos andaluces con los cristianos. Pero se trataba de una política, en el mejor de los casos, poco consistente. En Murcia, donde había una comunidad musulmana numerosa e inquieta y donde podría haber utilizado la colaboración de la comunidad judía, no permitió a los judíos la residencia en el barrio cristiano de la ciudad. En su reinado se dispusieron restricciones legales a las relaciones económicas entre los cristianos y judíos, si bien no se intentó imponer su estricto cumplimiento. Uno de los grandes funcionarios civiles que tuvieron los reyes del siglo XIII, Salomón Ibn Zadok de Toledo, recaudó en nombre de Fernando III el tributo de Granada y fue el jefe de los recaudadores de impuestos de Alfonso X. A su muerte, en 1273, todos sus bienes, inmuebles y muebles, fueron confiscados y entregados a la catedral de Sevilla.

Pero no fue una deshonra duradera. El hijo de Salomón, Isaac, conocido en Castilla como D. Zag de la Maleha, ocupó también el cargo de jefe de recaudadores de impuestos. Pero al perderse los ingresos de la corona durante la guerra civil entre Alfonso X y su hijo, el futuro Sancho IV, el rey vio inmediatamente una traición judía. Así, en 1278 ordenó a D. Zag la entrega de una gran suma de dinero a las fuerzas de Alfonso sitiadas en Algeciras. Las tropas del príncipe Sancho se apoderaron de todo el dinero y Alfonso hizo prisioneros a todos los judíos arrendatarios de impuestos en Castilla. El mismo Zag murió ahorcado y un grupo de ricos judíos sevillanos fue retenido en calidad de rehenes hasta que se recaudase la suma de 4.380.000 maravedíes (cantidad que doblaba las contribuciones anuales que se recaudaban normalmente de todas las aljamas de Castilla). Con toda seguridad, ni Jaime I ni Alfonso X consideraron contradictoria su política. No sentían sino admiración y amistad hacia estos judíos que se comportaban como fieles súbditos y contribuían de manera señalada a la prosperidad de sus dominios. Pero, como la Iglesia repetía constantemente, no se podía confiar plenamente en los judíos, y un rey responsable del bienestar material y espiritual de las tres comunidades religiosas debía de castigar severamente cualquier transgresión.

Aparte de sus importantes funciones económicas, los judíos de la corte de Alfonso X desempeñaron un papel fundamental en la vida literaria e intelectual española. Entre los judíos de la España cristiana no hubo figuras originales durante el siglo XIII; pero transmitieron a Castilla y Aragón toda la herencia de las culturas islámica y hebraica que había florecido en al-Andalus desde los siglos IX al XIII. Alfonso X era un gran amante de la astronomía y de las ciencias aplicadas, así como de la historia, en la medida en que ésta pudiera contribuir a la mayor gloria de Castilla y reforzar su ambición de convertirse en Emperador del Sacro Imperio. También estaba versado en Derecho Romano, en especial porque era un arma válida para la codificación de los heterogéneos fueros y para enaltecer el prestigio y la autoridad de la monarquía frente a la nobleza local. Los judíos habían hecho ya una traducción del Antiguo Testamento al castellano, que en cierto modo se había convertido en el idioma de su vida espiritual, mientras que los cristianos seguían empleando sólo el latín para estas funciones.

El impulso que los judíos dieron al castellano como vehículo intelectual, unido a sus conocimientos de árabe y hebreo, les convirtieron en los mejores colaboradores de un monarca muy interesado en poner al alcance de sus súbditos y en su propia lengua todas las obras cultas. Los eruditos, compiladores y editores judíos desempeñaron un papel comparable al de los *philosophes* franceses del siglo XVIII. Tradujeron al castellano las principales obras árabes de astronomía, matemática, botánica, medicina y filosofía. Las famosas *Tablas alfonsíes* fueron elaboradas por dos astrónomos judíos, que dedicaron su obra al rey, prediciendo que su reinado se consideraría el principio de una nueva era, del mismo modo que los griegos habían iniciado su cronología en el reinado de Alejandro y los romanos en el de César. Se trajo a Castilla a sabios franceses e italianos para traducir las principales obras latinas y colaborar en la elaboración de la *Grande e General Estoria,* que fue la primera historia nacional publicada en una lengua vernácula europea. Como ha señalado Américo Castro, el castellano se convirtió, debido a esta acción de Alfonso X y de los judíos de su corte, en el vehículo natural de una elevada cultura intelectual que combinaba las herencias islámica, judaica y de la Europa romano-germánica.

Fue en los campos de la arquitectura, escultura y artes decorativas donde se manifestó del modo más espectacular este genio medieval hispánico, capaz de combinar positivamente elementos de las tres culturas. Los emires cordobeses habían dado muy pronto testimonio de su eclecticismo y de la completa falta de prejuicios étnicos o religiosos en sus concepciones artísticas. En sus palacios emplearon las columnas corintias, la decoración geométrica y los mosaicos en piedra que los primeros conquistadores musulmanes habían admirado al ocupar gran parte del mundo helenístico. Adoptaron el arco de herradura visigodo, y Abd-al-Rahman II, en la parte de la mezquita de Córdoba que él construyó hacia 850, puso dos hileras de arcos romanos superpuestas entre sí, en estilo semejante al del acueducto romano de Mérida. La única limitación que se impuso a esta adopción de elementos romanos, bizantinos y visigodos fue la de evitar la representación humana, de acuerdo con las prohibiciones islámica y judía acerca de las imágenes.

Entre los siglos VIII y X se desarrolló en al-Andalus un estilo artístico sincretista, que poseía sin embargo marcados signos propios. Las artes decorativas alcanzaron mayor desarrollo que la arquitectura, y el dibujo abstracto mayor que el dibujo en color. Eran capaces de ocultar la piedra más hermosa con complicadas esculturas o simplemente con una capa de yeso, o por ambos procedimientos. Los dibujos abstractos y florales eran deliberadamente poco realistas. Su sentido estético se basaba más en la elegancia de líneas y proporciones, en la atención prestada a la relación entre las figuras y el espacio en torno que en la originalidad del dibujo. En el siglo X incorporaron a su repertorio el arco lobulado, también con fines decorativos más que arquitectónicos. Durante los siglos IX y X se fabricaron también en los talleres andaluces tejidos finos y artículos suntuarios en marfil, así como de loza y metálicos, de la misma calidad que los orientales del Imperio abásida.

En estos mismos siglos estaba creándose el estilo de arquitectura religiosa pre-románico o asturiano, caracterizado por sus construcciones en piedra de forma rectangular, por los arcos romanos y las columnas esculpidas. Pero no hubo relación entre este estilo y el islámico. Sólo las iglesias mozárabes de León y Castilla construidas en el siglo X muestran unas influencias islámicas. Tienen la misma doble hilera de finas columnas que dan a la mezquita de Córdoba una sensación tan extraordinaria de espacio interior, y al igual que muchas villas árabes están emplazadas de manera que se saca el mayor partido estético al paisaje. Pero en general, el estilo mozárabe perdió los elementos orientales en favor de las estrictas tradiciones romano-visigodas.

Esta gran simbiosis y síntesis de estilos se inició a finales del siglo XI y se prolongó hasta bien entrado el XVI. Su primer elemento constitutivo fue el románico, importado del Languedoc (a causa de su proximidad) y de Borgoña (debido a la inmigración de arquitectos y artesanos llegados con los monjes cluniacenses). Las iglesias románicas francesas eran normalmente de piedra, aunque había algunas de ladrillo. Se caracterizaban por sus muros espesos y consistentes, sus naves bajas y sus campanarios cuadrados. Las columnas de piedra del interior estaban decoradas con esculturas pintadas con escenas de la Biblia y de la vida de Cristo y de los santos. Las primeras iglesias románicas se construyeron en Cataluña y Navarra y desde allí, a lo largo del siglo XII, se extendieron rápidamente por todo el norte de España, siguiendo el camino de Santiago.

El segundo estilo importante, que data de finales del siglo XII, está representado por la arquitectura cisterciense, muy característica, en la que se combinaban el arco apuntado y las naves altas típicas del gótico francés contemporáneo con los elementos románicos tradicionales. Las comunidades cistercienses eran más amplias que las cluniacenses. Las iglesias tenían espesos muros exteriores, ábsides de estilo románico y una elevada nave central, cuyas columnas de apoyo carecían normalmente de decoración escultórica, bien por motivos de economía y rapidez de construcción, bien por carecer de los canteros imaginativos con que había contado Cluny. Se ha repetido con frecuencia que los cistercienses eran

contrarios a las esculturas de motivos bíblicos a causa
de su austeridad espiritual, pero la verdad es que sus
edificios no carecen de decoración y de sensibilidad estética. En muchos de ellos, las puertas y los techos
están lujosamente esculpidos en madera, y en sus claustros hay con frecuencia hileras de dobles columnas,
muy finas, bellamente decoradas. Este trabajo de arte-
sonado y decoración de columnas era obra con frecuencia de mudéjares y no de artistas franceses, y testimonia
la creciente confianza de la España cristiana en sí misma
y su capacidad para emplear los servicios y adoptar los
estilos de sus súbditos musulmanes.

El tercer elemento clave de esta síntesis mencionada
es el mismo estilo mudéjar. Los mudéjares eran los
musulmanes que vivían bajo dominación cristiana. A
partir del siglo XII fueron numerosos en el valle del
Ebro y componían una gran parte de la población de
todos los territorios adquiridos por Castilla y Aragón
en el siglo XIII. Tras la caída del califato, se produjo
un gran renacimiento arquitectónico en los reinos de
Taifas. Muy pocos monumentos de este estilo sobrevivieron a la reconquista, pero un edificio como la Al-
jafería de Zaragoza es un índice claro de que las técnicas
de los diseños geométricos y florales, así como la artesanía en madera, metal y cerámica alcanzó un nivel superior en el siglo XI que en la Córdoba del siglo X.
Los príncipes locales musulmanes rivalizaban entre sí
por las construcciones arquitectónicas, del mismo modo
que lo hacían como mecenas de poetas.

Los nuevos príncipes cristianos dispusieron súbitamente, a muy bajo precio, de estos habilísimos artesanos
musulmanes. El estilo mudéjar, de una gran suntuosidad en la construcción de residencias reales como el
palacio de María de Padilla en Tordesillas o el Alcázar
de Sevilla, era sin embargo sencillo y de inspiración
regional en la construcción de pequeñas iglesias y mo-
destas residencias. En muchas iglesias pequeñas de Aragón se combinó la construcción en ladrillo con el estilo
arquitectónico románico. La arquitectura de ladrillo mudéjar destacaba, como la primitiva escultura islámica,

por la belleza de líneas y proporciones, así como por el frecuente empleo de arcos ciegos, que servían de decoración y rompían las superficies rectangulares de los muros y torres románicas. Los artesanos mudéjares fabricaban también puertas y techos esculpidos, paredes y suelos de baldosines de colores, muebles con adornos escultóricos, ricos tejidos y cerámicas de lujo, de acuerdo con el gusto y riqueza de los clientes. El bajo precio de los materiales y de la mano de obra, así como la gran adaptabilidad del ladrillo a casi todas las necesidades arquitectónicas del momento, colaboraron a la rápida difusión del estilo mudéjar, y a su gran variedad y duración. A lo largo de la Castilla y el Aragón de nuestros días puede apreciarse la belleza y variedad de esta síntesis de los estilos románico, cisterciense y mudéjar, formando un sincretismo que no se alcanzó en otros muchos aspectos de la vida cultural hispánica.

4.   La Baja Edad Media: Vitalidad y caos

Los dos últimos siglos de la Edad Media española, desde finales del XIII hasta finales del XV, se caracterizaron por la vitalidad económica y cultural, así como por la inestabilidad política que frecuentemente degeneró en guerras civiles. Esta vitalidad económica fue general en todo el Mediterráneo y en Europa occidental. Entre los siglos VIII y XI el Islam había dominado el Mediterráneo. Europa se había visto muy aislada de Africa y Oriente, con excepción de las relaciones económicas y comerciales que mantenía con al-Andalus. Las Cruzadas, entre otras cosas, fueron la manifestación de una nueva vitalidad, de una expansión demográfica, y más tarde económica, de Europa a partir del siglo XI. Las Cruzadas a Tierra Santa, y en un grado menor aunque también considerable la reconquista de la Península Ibérica, exigieron el trasiego de grandes contingentes humanos. Este transporte de hombres a Anatolia y Palestina se vio posibilitado por la revolución comercial del norte de Italia, y el comercio con el Oriente Próximo impulsó el desarrollo posterior de esta revolución comercial, no sólo en Italia, sino también en las costas del sur de Francia y Cataluña, y en las ciudades renanas y flamencas.

La revolución comercial del siglo XII trajo consigo el desarrollo, tanto numérico como en poder económico, de una burguesía urbana autónoma. En Italia, debido a la debilidad del poder central y a los enfrentamientos entre el Papado y el Imperio, las grandes ciudades como Venecia, Florencia y Génova se convirtieron en repúblicas independientes, soberanas y oligárquicas. Las ciudades de Borgoña, Francia y Aragón-Cataluña, aunque recibieron un considerable grado de autonomía por medio de concesiones y privilegios de los reyes, permanecieron bajo la soberanía de éstos. En el desarrollo de las ciudades y en el renacimiento del comercio mediterráneo, la corona de Aragón desempeñó un papel mucho más importante que la castellana. Por ello debemos empezar por Aragón al referirnos a la historia económica de la España bajomedieval.

El reino de Aragón-Cataluña fue el resultado de una unión puramente dinástica, procedente del matrimonio celebrado en 1137 del conde Ramón Berenguer IV de Barcelona con Petronila, hija del rey Ramiro de Aragón. Ambos pueblos hablaban idiomas diferentes, tenían leyes distintas y sus Cortes eran independientes; pero les unían intereses políticos comunes en el sur de Francia y en la reconquista del valle del Ebro y de Valencia. Barcelona tenía una larga tradición como intermediaria comercial entre Córdoba y el sur de Francia. La Iglesia catalana había estado sometida a la jurisdicción del arzobispo de Narbona. Grandes contingentes de comerciantes y campesinos franceses se habían asentado en Cataluña durante los siglos XI y XII, y Barcelona apoyaba con armas y dinero las campañas del rey aragonés en Languedoc. En el siglo XIII, sin embargo, la corona aragonesa desvió su atención hacia el Mediterráneo. Pedro II murió en 1213 en la batalla de Muret, cerca de Toulouse. Sus sucesores, Jaime I y Pedro III (1276-1285) dedicaron su atención a la expansión mediterránea, como lo demuestran los hechos siguientes: conquista de Mallorca en 1230; to-

ma de Valencia en 1238; tratado de Corbeil en 1258,
por el que se renunciaba a las pretensiones territoriales
en Francia; colaboración con Castilla en la década de
1260 en la conquista de Murcia; conquista de Sicilia
en 1282; conquista de Menorca en 1286, y primera
ocupación de Cerdeña en 1297.

9. Matrimonio de Ramón Berenguer IV con Petronila. Ilustración del árbol genealógico del monasterio de Poblet.

Entre finales del siglo XII y mediados del XV, Barcelona fue, sin discusión, la ciudad española más importante y una de las más importantes del Mediterráneo,
compitiendo con Génova y Florencia en volumen comercial y potencia conjunta de sus flotas mercante y
de guerra. La ciudad era prácticamente autónoma y gozaba de un privilegio real emanado del rey aragonés.
El «Consejo del Ciento», elegido entre la alta burgue-

sía y renovable en su composición al estilo de una cor-
poración moderna, se ocupaba de la fijación y recau-
dación de impuestos, de los precios de los artículos
alimenticios básicos, de la conservación de los caminos,
almacenes y dársenas, así como de las playas de atraque
(ya que no existían aún los puertos protegidos con
malecones). La ciudad era el centro de la zona rural
circunvecina. El capital comercial provenía de los beneficios agrarios y de las ventas de tierra, del aumento
del valor del suelo urbano y del comercio de grandes
distancias que la ciudad llevaba a cabo. Esta independencia virtual de Barcelona fue el resultado de su
gran poder financiero y de su comercio exterior, más
que de los derechos y privilegios emanados del documento real. Los ingresos que obtenía por sus impuestos
municipales superaban a los de la corona. La ciudad
obtenía además capitales a base de emisiones de obli-
gaciones, y de este modo su deuda consolidada se convirtió no sólo en una fuente suplementaria de capital
en circulación, sino también de beneficios para los
obligacionistas.

Como es lógico, la ciudad, aparte de su gran comercio, era centro de un importante tráfico terrestre y
centro manufacturero. Había que traer desde distancias
superiores a los 80 kilómetros el trigo, aceite, vino,
productos lácteos y madera, así como el hierro de los
Pirineos. La industria textil tuvo un temprano desarrollo. En el siglo XIV Barcelona producía ya armas, hierro
forjado, productos textiles y de cuero. Fabricaba todo
lo necesario para el equipamiento de los barcos: plan-
chas de madera templada, mástiles, aparejos, velas, anclas, clavos, así como carretas y arneses, necesarios
para el transporte de sus productos manufacturados.
Sus artesanos estaban agrupados en guildas que prote-
gían los intereses profesionales de cada grupo bajo la
supervisión del gobierno municipal. El ingreso en estas
corporaciones estaba regido por normas estrictas. El
aprendizaje de los plateros se prolongaba durante seis
años, el de los sastres y carpinteros durante cuatro y
el de los pañeros durante tres.

Junto con Génova, Barcelona fue en los siglos XIII y XIV el mayor centro de construcción de barcos. En la ciudad se construían barcos de cuatro toneladas y de treinta pies de largo para el comercio de cabotaje; de 20 a 50 toneladas para el recorrido triangular Barcelona-Valencia-Mallorca, y barcos entre 100 y 900 toneladas (con un promedio entre 250 y 500) para el tráfico con el norte de Africa y el Oriente Próximo. Eran barcos mixtos, de vela y con remos, construidos en madera y pintados con colores chillones, con mucha frecuencia en franjas rojas y amarillas, propias del antiguo condado de Barcelona. Salían de los astilleros con maromas, velas y anclas de repuesto. Su velocidad punto de crucero estaba entre los 12 y 15 nudos, tardando unos veinte días en el frecuente trayecto entre Mallorca y Túnez y unos treinta entre Barcelona y Cerdeña.

En Barcelona tuvieron también gran fuerza las instituciones diplomáticas y legales. En las ciudades musulmanas del norte de Africa se consiguieron concesiones extraterritoriales, *alfóndigos,* con iglesia, panadería, hospedería, baños, almacenes y cementerio. Un cónsul, facultado para actuar en nombre de todos los ciudadanos de la corona de Aragón, gobernaba en cada *alfóndigo.* Originariamente era el rey quien nombraba a los cónsules, pero a partir de 1266 fue el gobierno municipal de Barcelona el que realizaba esta designación. El famoso «Consulado del Mar» tuvo también su origen en la Barcelona del siglo XIII. En 1257 los prohombres de Barcelona constituyeron la «Universidad de los prohombres de ribera», para proveer a la custodia y reparación de las playas de atraque. Pronto adquirió dos funciones básicas: en primer lugar la de cámara de comercio y en segundo la de tribunal que resolvía los pleitos entre los mercaderes y armadores de todas las nacionalidades con sede en la ciudad. En esta segunda función, fue creado un código marítimo que llegó a ejercer una gran influencia en todo el Mediterráneo. Se crearon Consulados semejantes en Valencia en 1283 y en Mallorca en 1343. Mallorca tuvo también gran importancia por su escuela de cartógrafos judíos, que elaboraron los *portulanos,* mapas que mostraban con mucho detalle la forma de las costas y que indicaban las rutas entre los puertos principales.

Los barcos de la corona de Aragón llevaban a cabo una enorme variedad de expediciones comerciales. A lo largo de la costa catalana, transportaban el coral de la Costa Brava, el trigo de Tortosa, en la desembocadura del Ebro, la leña, el carbón de leña y la madera procedentes de las playas cercanas a las zonas boscosas y, por supuesto, el pescado. Por las costas de Languedoc transportaban estos mismos productos, y además pieles, cueros, productos textiles y especias. En realidad, el lucrativo comercio de especias hacia el sur de Francia estuvo en manos catalanas hasta bien entrado el siglo xv. Transportaban también el vino de Borgoña, cuya calidad se incrementó durante la residencia de los papas en Avignon en el siglo xiv, y que fue sustituyendo a los vinos aragoneses en los mercados locales.

Más lejos, intercambiaban productos textiles catalanes y coral por trigo siciliano y plata sarda. Nápoles, a la sazón la mayor ciudad de Europa, era un mercado fundamental tanto para los tejidos catalanes como para el trigo siciliano que llegaba en naves aragonesas. Barcelona rivalizaba con Génova, casi en igualdad de condiciones, en el tráfico de cabotaje a lo largo del oeste de Italia. No consiguió, sin embargo, participar en el comercio bizantino. Al mismo tiempo, en el siglo xiv dominaba también el tráfico marítimo de Egipto y de varios pequeños principados musulmanes de la costa septentrional africana: Túnez, Bugía y Tremecén. A estas regiones traía paños catalanes, cerámica, pieles, productos de cuero y de cordelería, y muchas de estas mercancías atravesaban el Sahara y llegaban hasta el Sudán. Así como el oro del Sudán había constituido la base del numerario de oro del Califato, así también llegó a ser la base de la moneda catalana en el siglo xiv.

En teoría, estaba prohibido el comercio con los musulmanes. Tras la conquista musulmana de San Juan de Acre en 1291, el papa había promulgado una bula prohibiendo el comercio de armas, artículos alimenticios y

barcos bajo pena de excomunión. El rey aragonés tuvo
que acordar entonces con Roma la constitución de un
tribunal especial para conceder dispensas a los mercaderes de la Corona, y ésta catalogaba las funciones de
este tribunal como una forma suplementaria de impuesto. Los reyes se beneficiaron también con tratados
del tipo del firmado por Jaime II con el Bey de Túnez
en 1301, según el cual la mitad del montante de los
derechos aduaneros recaudados en Túnez por el comercio de los aragoneses debía de volver al tesoro aragonés.
A finales de la Edad Media, en especial entre los años
1380 y 1440, los mercaderes de la corona de Aragón
comerciaron con esclavos procedentes tanto de las costas
del norte de Africa como de las del mar Negro. En esta
época, no había una distinción clara entre comercio y
piratería. A finales del siglo xiv, los barcos catalanes,
genoveses y venecianos se atacaban unos a otros en su
abierta competencia por el comercio de especias y esclavos con el Oriente Próximo, hecho que durante el
siglo xv contribuiría en gran medida a la recuperación
de la potencia naval musulmana. Pero en el momento de
su mayor prosperidad y éxito diplomático, los mercaderes aragoneses dominaron con facilidad el comercio de
dos importantes sectores del Mediterráneo occidental:
el pequeño espacio marítimo que limitaban por el norte,
Mallorca, Ibiza y la costa levantina y que se extendía
desde Algeciras hasta Ceuta, en la costa africana, y el
amplio cuadrilátero comprendido entre Cerdeña, Sicilia,
Túnez y Bugía. La conquista de Sicilia por Pedro el
Grande y las hazañas de las Compañías Catalanas en
el Peloponeso apuntalaron el comercio catalán en estas
regiones.

Finalmente, los mercaderes catalanes y valencianos
tuvieron una importante participación en el comercio
atlántico. Transportaban a Inglaterra y Flandes lana,
estaño, carne de cerdo salada y esparto. A lo largo del
siglo xv los productos agrarios valencianos (naranjas,
granadas, uvas, avellanas, nueces, almendras y azafrán)
fueron cada vez más cotizados en el norte de Europa.
A cambio, los mercaderes traían tejidos ingleses y fla-

mencos, superiores en calidad a los españoles, y arenques del Báltico. Tenían importantes colonias mercantiles en Sevilla, Lisboa y Brujas. En términos generales, la curva del volumen del tráfico fue creciendo hasta 1381, fecha del comienzo de la crisis de la economía europea, permaneció oscilante entre 1381 y 1427, y luego fue descendiendo durante el resto del siglo xv. Con frecuencia se invocan, como razones de la decadencia económica de la corona de Aragón, el aumento de la competencia italiana, la piratería y la crisis de la banca y del sistema de inversiones catalanes a partir de 1427. Sean cuales fueren las razones de esta decadencia, uno de los más desafortunados factores en la formación del Imperio Español en América fue, sin duda, la coincidencia del descubrimiento del Nuevo Mundo con la decadencia naval y comercial aragonesa y con el triunfo de los intereses económicos genoveses, florentinos y flamencos.

También la economía de la corona de Castilla experimentó un importante desarrollo durante los dos últimos siglos medievales. La revolución comercial no tuvo en ella tanta significación como en Italia, Aragón-Cataluña y Flandes. Apenas existía una burguesía resuelta y agresiva, capaz de luchar con cierto éxito contra el poder político de la nobleza, y amante del comercio, la inversión, los beneficios y la expansión económica, y que considerase estas actividades como una forma de vida tan honrosa y aventurera como la vida de un soldado o un cruzado. Pero la población de Castilla era unas seis veces superior a la de Aragón. Había dirigido la reconquista, y era el centro de la religiosidad y de la vida intelectual de España. Tras la ocupación de Andalucía, estaba constituida por cuatro unidades muy diferentes geográfica y socialmente: la cordillera cantábrica y la costa norte, escasamente poblada y dedicada a una economía de aprovechamiento de bosques, a la pesca y la navegación; Galicia, León y Castilla la Vieja, de climas y características agrícolas variados, pero semejantes en cuanto que tenían una sociedad muy conservadora, apoyada en las tres fuerzas tradicionales del soldado, el sacerdote y el labriego, y muy apegada a sus fueros municipales; Castilla la Nueva, la Mancha y Extremadura, en la amplia *meseta* azotada por el viento, en las que predominaban la ganadería lanar y las Ordenes Militares y que incluían un sector mudéjar importante, tanto entre las clases productivas del campo como en las ciudades, y finalmente, Andalucía, de clima semi-tropical, y donde una numerosa población musulmana estaba sometida a la nueva aristocracia terrateniente.

A lo largo y ancho de este inmenso y variado territorio, la agricultura seguía siendo primitiva, con una producción limitada a la subsistencia, a excepción de las zonas vecinas a las principales ciudades: Burgos, Toledo, Sevilla. Durante el siglo XIV, se desarrolló en algunas zonas una pequeña industria artesanal: astilleros en Santander y Sevilla; minería de mercurio cerca de Almadén; armas y cerámica en Toledo, y jabón en Andalucía. En Salamanca y Zamora se producían también paños de baja calidad para los mercados locales y para los portugueses.

Pero por encima de todo, la economía de la Castilla bajomedieval dependía de la producción y exportación de la lana. Al mismo tiempo que se producía una revolución comercial en el norte de Italia y en Cataluña, en Castilla se llevaba a cabo una auténtica revolución lanera. A finales del siglo XIII, la expansión territorial había incrementado enormemente la zona de pastos disponible. El incremento demográfico de España y Europa occidental produjo aumento de la demanda de paños, y como consecuencia de la creciente prosperidad un mayor número de gente podía adquirir más y mejores paños. Inglaterra había sido la gran proveedora de lana durante el siglo anterior, pero su comercio lanero sufrió las consecuencias de las constantes guerras continentales. Mientras tanto, poco antes de 1300 había sido introducido en Andalucía el carnero merino norte-africano, muy robusto, consiguiendo un cruce de gran calidad con las especies nativas.

Debido a la coincidencia de tan variados factores, Castilla se convirtió a comienzos del siglo XIV, en la principal potencia exportadora de lana de calidad. Una

poderosa organización de ganaderos, la Mesta, autori-
zada por Alfonso X en 1273, supervisaba la producción
y controlaba las tierras de pastos y las rutas de trashu-
mancia. Este comercio de exportación favoreció la prosperidad de los astilleros y puertos santanderinos, en el
norte, y de Sevilla en el sur. Impulsó el rápido desarrollo de pequeños puertos ya existentes, como Castro

Mapa 5.   La vida económica y artística de España

Urdiales, Laredo y San Vicente de la Barquera, y provocó la fundación del puerto de Bilbao en el 1300.
Como consecuencia del transporte de la lana, los buques
castellanos participaron también en el tráfico costero a
lo largo del golfo de Vizcaya y del occidente francés,
transportando fletes de pieles, armas toledanas y paños
ingleses y flamencos. Ya en 1257, había en Brujas representantes de la corona de Castilla, y aunque en el
siglo XIV todavía fue más numerosa la colonia catalana
que la castellana, durante el XV los mercaderes caste-

llanos superaron a los catalanes en Flandes, y a comienzos de este siglo los barcos castellanos llevaban también sus fletes de pieles y lana hasta Valencia, Mallorca e Italia.

La inestabilidad política y los prejuicios anti-burgueses de la gran mayoría de la aristocracia y de los eclesiásticos frenaron en gran medida el desarrollo de la economía española, tanto aragonesa como catalana. Sólo se puede escribir la historia sobre la base de los testimonios escritos, pero el historiador tiene con demasiada frecuencia la frustrante sensación de que aquello que puede describir de manera más concreta y más detallada no fue en su momento lo más importante. Así tenemos abundante documentación sobre los enfrentamientos doctrinales y la luchas abiertas por el poder en el seno de la Iglesia, y nuestra información acerca de los personajes regios, sus ambiciones y sus defectos, es grande; en cambio muy poco sobre los mercaderes burgaleses, los armadores de barcos santanderinos, los fabricantes de armas de lujo toledanos y los mineros del mercurio de Almadén, y nuestra información sobre algunas de las grandes familias que disponían de fortunas muy superiores a las de las coronas castellana o aragonesa, es relativamente escasa. Por ello puede afirmarse que escribir la historia de la España bajomedieval ocupándose solamente de los reyes y sus cortes equivaldría a escribir la historia de Estados Unidos como una serie de presidencias, con sólo pequeñas referencias al papel desempeñado por los Rockefeller, Guggenheim, y los grandes magnates de los ferrocarriles y del acero. Teniendo en cuenta esta desafortunada limitación, se pueden dar algunas indicaciones sobre los factores que provocaron la inestabilidad y la situación de guerra civil, y que lentamente fueron transformando la España pluralista de Alfonso X y Jaime I en la intolerante España de Fernando e Isabel.

La fortuna había sonreído a ambos reinos con largos y prósperos reinados en la reconquista del siglo XIII: Fernando III (1217-1252) y Alfonso X (1252-1284) en Castilla, y Jaime I (1213-1276) en Aragón-Cataluña.

Esto no quiere decir que en estos reinados no hubiese problemas internos. Fernando III tuvo que sofocar una revuelta leonesa antes de que fueran reconocidos sus derechos de soberanía sobre este trono, y tanto Alfonso como Jaime se enfrentaron a repetidas amenazas nobiliarias. Pero, durante los cincuenta años anteriores a la revuelta de Sancho IV contra su padre, ambos reinos habían disfrutado de una razonable estabilidad interna, y habían mantenido excelentes y fructíferas relaciones entre sí.

Pero a partir de finales del siglo XIII los problemas sucesorios debilitaron repetidamente la autoridad real en ambos reinos. En 1275, el hijo y heredero de Alfonso, Fernando de la Cerda, murió cuando iba a hacer frente a una incursión benimerín en Andalucía. De acuerdo con las reglas estrictas de la primogenitura, el hijo de éste último, todavía niño, era el heredero al trono, y dado que no se preveía que el anciano Alfonso viviera veinte años más, Castilla se enfrentaba al problema de una regencia. Algunos nobles, opuestos a las tendencias centralizadoras y autoritarias de Alfonso, aprovecharon la oportunidad para tratar de imponer la estricta tradición visigoda y «elegir» como heredero del trono al hijo menor de Alfonso, Sancho. Esta actitud provocó una situación de guerra civil intermitente que duró ocho años, en los que Alfonso el Sabio pidió ayuda a Francia en defensa de su nieto (hijo de Blanca, hija de San Luis), fue depuesto formalmente por unas Cortes celebradas en 1282 y pasó los últimos meses de su vida negociando la ayuda de los benimerines, el gran enemigo contra el que su hijo Fernando se disponía a luchar en el momento de su muerte. Mientras tanto, Sancho se presentaba como defensor de las prerrogativas nobiliarias tradicionales. Después de la muerte de Alfonso, en 1284, Sancho tardó ocho años en llegar a ejercer un control efectivo sobre Andalucía; tuvo que dominar además una rebelión entre sus mismos partidarios, opuestos a que un judío, Abraham de Barchilon (de Barcelona), ocupase el cargo de recaudador principal de impuestos.

El mismo Sancho murió tuberculoso en 1296, dejando un hijo de nueve años, que pudo conservar el trono durante los cinco años de guerra civil subsiguientes merced a la energía de su madre, María de Molina. En 1300, este niño, que contaba ya catorce años, fue declarado mayor de edad y comenzó a reinar con el nombre de Fernando IV. Murió a su vez en 1312, dejando un hijo pequeño. Hasta 1325, en que Alfonso XI, que contaba quince años, fue declarado mayor de edad, tres grandes nobles enfrentados entre sí ocuparon la regencia. Alfonso era un joven enérgico y capaz, pero hasta 1337 no pudo terminar las repetidas revueltas de los antiguos regentes.

Al morir Alfonso XI en 1350, dejaba como heredero oficial a Pedro, el hijo de su esposa portuguesa. Tenía también hijos bastardos, fruto de sus amores con Leonor de Guzmán. Según parece, el heredero legítimo, Pedro el Cruel (1350-1369) participó en el asesinato de Leonor en 1351, y en adelante, todo su reinado estuvo dominado por la guerra civil con sus hermanos bastardos, Enrique, conde de Trastámara, y Fadrique, maestre de la Orden de Santiago. Tanto por la fuerza de las circunstancias como por sus convicciones personales, Pedro aparecía ahora como el campeón de la monarquía centralizada y legítima. Le apoyaba el mismo grupo nobiliario que había acogido favorablemente la codificación de derecho romano hecha por Alfonso X, y los esfuerzos de Alfonxo XI por poner en práctica este derecho romano. También tuvo el respaldo de la pequeña burguesía castellana y, al igual que sus predecesores, se sirvió de recaudadores de impuestos judíos. Enrique de Trastámara, al igual que Sancho setenta años antes, era el campeón de las tradiciones descentralizadoras y germánicas dentro de la nobleza castellana, y se sirvió del arma del antisemitismo aunque él mismo tenía sangre judía por parte de su madre, Leonor. Inglaterra y Francia intervinieron en la guerra civil. La primera (de manera inútil y a un precio muy alto) en favor de Pedro y la segunda en defensa de

Enrique. Esta guerra civil terminó con el asesinato de Pedro a manos de Enrique en 1369.

La dinastía Trastámara gobernó en Castilla desde 1369 a 1474. Para poder pagar las deudas contraídas en la guerra civil y afirmar su legitimidad, los dos primeros reyes Trastámara Enrique II (1369-1379) y Juan I (1379-1390), entregaron a la nobleza una parte de los ingresos de la corona. Juan hizo también un intento fallido para conquistar Portugal. Enrique III (1390-1406), tras una turbulenta minoría, consiguió recuperar para la corona, en los últimos años de su corto reinado, algunas de las fuentes de ingresos cedidas por su padre y abuelo. El reinado de Juan II (1406-1454) se inició con la regencia de su inteligente tío Fernando de Antequera. El rey era un hombre inteligente, pero falto de carácter. Desde los ocho años estuvo bajo la tutela de D. Alvaro de Luna, bastardo de una rica familia de conversos aragoneses. Desde su proclamación de mayoría de edad, en 1419, D. Alvaro de Luna fue el detentador del verdadero poder ejecutivo de la monarquía. Las guerras civiles fueron una constante del reinado, y en ellas las alianzas de la nobleza aragonesa y castellana cambiaron frecuentemente; el denominador común de estas alianzas venía dado por la enemistad entre los partidarios de D. Alvaro y los de los Infantes de Aragón, primos de Juan II. D. Alvaro consiguió repetidas, aunque difíciles, victorias hasta 1453, año en que fue detenido por orden real y ejecutado bajo la acusación de brujería. El débil monarca sólo vivió un año tras la muerte de su valido, al que había traicionado ante las presiones de la nobleza anticonversa.

Juan II se había casado dos veces. De su primer matrimonio tuvo un hijo, Enrique, que fue rey con el nombre de Enrique IV (1454-1474). De su segunda mujer tuvo otro hijo, Alfonso, que murió a los catorce años en circunstancias misteriosas, y una hija, Isabel, futura reina, cuyo matrimonio con Fernando trajo consigo la unión dinástica definitiva entre Castilla y Aragón y cuya gran valía política consiguió finalmente imponer el orden interno en Castilla. Enrique IV es uno de los reyes castellanos menos conocidos y más calumniados. Los cronistas reales del siglo xv desempeñaban la función de creación de determinadas imágenes que caracteriza a las empresas de relaciones públicas del siglo xx; por eso, los cronistas reales de Isabel, que quizá admiraban a la reina, pero que sabían además que sus cabezas dependían de su interpretación de los comienzos del reinado, enturbiaron la imagen de Enrique IV. Debía de ser un hombre grande, pesado y carente de gracia, amante de la caza y de los vestidos moros. Tenía sentido político, pero no compartía los sentimientos antisemíticos y antimusulmanes de sus súbditos castellanos. Su corte estaba llena de intelectuales judíos y conversos, muchos de los cuales llevaban el pelo largo y lucían vestidos multicolores.

Enrique tenía también una guardia de palacio mora (como varios de sus predecesores), sobre la que corrían los rumores habituales de prácticas homosexuales. Al nacer Juana, la hija de Enrique, las Cortes la aceptaron como legítima heredera, pero algunos años más tarde los partidarios de su hermanastro menor, Alfonso, hicieron circular el rumor de que el verdadero padre de Juana no era el rey, sino su favorito Don Beltrán de la Cueva. Después de todo, Enrique llevaba seis años casado antes del nacimiento de su hija. Tenía contactos con judíos y otros infieles, y el ascenso de Don Beltrán en la corte había sido misteriosamente rápido. Enrique había herido además los sentimientos de sus súbditos más racistas al asentar una colonia mudéjar cerca de Toledo. Los enemigos de D. Beltrán intentaron desacreditarle, y desacreditar al rey, mediante este rumor sobre la ilegitimidad de Juana. A lo largo de la década de 1460, una serie de escaramuzas constantes estuvieron a punto de desembocar en una situación de guerra civil abierta. La nobleza tradicionalista y antisemítica apoyó a Alfonso hasta su muerte, y más tarde a Isabel; mientras que las fuerzas burguesas, más pluralistas, apoyaban a Enrique. Este último negoció una paz en condiciones desfavorables, el tratado de los Toros de Guisando, en 1468, por el que se comprometía a divorciarse de su esposa, declarar ilegítima a su hija Juana y reconocer como heredera al trono a su hermanastra Isabel. El matrimonio de Isabel con su primo segundo Fernando, celebrado al poco tiempo, garantizó la unión dinástica de los reinos de Castilla y Aragón. Los cronistas oficiales de Isabel, Hernando del Pulgar y Pedro Mártir, exageran constantemente la circunstancia de la ilegitimidad de Juana, cambiando las fechas y suprimiendo cualquier prueba contradictoria. El historiador actual Orestes Ferrara ha expuesto esta campaña propagandística que estigmatizó a Juana con el apodo de *la Beltraneja.*

La corona de Aragón tuvo que afrontar problemas semejantes provocados por la nobleza, los prejuicios populares y la sucesión al trono. Con la ocupación del reino de Valencia por Jaime I y la distribución entre sus jefes militares de las prósperas explotaciones agrarias musulmanas, se creó la misma rivalidad entre una nobleza antigua y otra nueva que provocó en Castilla su yerno Alfonso X. En 1265 prometió no promover a nadie más al rango nobiliario en el reino de Valencia. Su hijo Pedro, por su matrimonio con Constanza, hija del rey Manfredo de Sicilia, amplió sus intereses dinásticos en la política mediterránea. Tanto Pedro III como su hijo Alfonso III (1285-1291) estuvieron absorbidos por la conquista de Sicilia y Menorca. La nobleza aragonesa aprovechó estos problemas de política exterior de los reyes para presionar y obtener concesiones políticas en favor de su estamento. Pedro III confirmó los antiguos fueros de Aragón, y Alfonso III tuvo que firmar en 1288 un documento, forzado por la unión de la nobleza aragonesa, en el que se comprometía a no actuar contra ningún noble sin el consentimiento de las Cortes y sin confirmación por parte del *justicia,* cuya función específica era proteger a la nobleza frente a la autoridad real. Sesenta años más tarde Pedro IV (1336-1387), tras una guerra civil contra la nobleza aragonesa y valenciana, abolió las concesiones de Alfonso III. Pero incluso un monarca tan imperialista y resuelto como él tuvo que aceptar la arraigada estructura política de sus estados, según la cual Aragón, Cataluña y Valencia tenían Cortes independientes y códigos legales propios.

La expansión mediterránea representó una grave complicación para los problemas dinásticos internos de la Corona de Aragón. Durante la mayor parte del período comprendido entre 1285 y 1374, las islas Baleares y la provincia del Rosellón (con capital en Perpiñán) formaron el reino independiente de Mallorca, gobernado por alguno de los hermanos, sobrino o primo del rey de Aragón-Cataluña. También Nápoles y Sicilia constituyeron una herencia dinástica independiente, tal como estaban antes de la conquista, a finales del siglo XIII. En esta región, los descendientes del Conquistador libraron una dura batalla con la dinastía angevina, cuyas pretensiones sobre Sicilia eran apoyadas por el papa Martín IV. El papa excomulgó a Pedro III en un inútil intento por impedir la conquista aragonesa de Sicilia, y a lo largo del siglo XIV la presencia aragonesa en esta isla fue una de las más importantes cuestiones dentro de la complicada política del papado de Aviñón.

La conquista de Sicilia y Cerdeña suministró a la corona de Aragón una gran cantidad de caballeros, cuyas energías guerreras había que encauzar en posteriores expediciones. Estas energías, a partir de 1305, encontraron canalización en diversas aventuras en Grecia y Bizancio que culminaron con la conquista del ducado de Atenas, que estuvo sometido a la corona de Sicilia desde 1326 a 1388. Sin entrar en detalles concretos de tipo militar y político, se puede ver sin embargo la complejidad de la lucha interna por el poder dentro del Imperio mediterráneo aragonés durante el siglo XIV. Había tensiones históricas no resueltas entre los reinos originarios de Aragón, Cataluña y Valencia. Se intentó establecer y consolidar la separación de las coronas de Mallorca y Sicilia, aunque ambas estaban sometidas en cierto modo a Aragón y gobernadas por príncipes pertenecientes a la dinastía aragonesa. La posesión de Sicilia y la conservación, a muy alto precio, del lejano y poco seguro ducado de Atenas, provocaron situaciones bélicas con la dinastía angevina y con el Papado. Por si fuera poco, se produjeron intermitentes luchas navales y escaramuzas piráticas con Pisa, Génova y con algunas potencias mulsumanas.

En 1410, con la muerte sin heredero de Martín I se extinguió la dinastía que había reinado en Aragón desde el matrimonio del conde catalán Ramón Berenguer IV con Petronila, en 1137. Las diferentes Cortes no se pusieron de acuerdo para elegir un candidato único para el trono vacante. Uno de los principales pretendientes era el conde de Urgel, al que apoyaban los Luna, la familia más poderosa de Aragón, y la burguesía catalana. El otro gran candidato era Fernando de Antequera, miembro de la familia Trastámara y tío del rey de Castilla, aún niño, Juan II. Fernando había adquirido un gran prestigio político en sus años de regente durante la minoría de Juan II, y una elevada reputación militar al conquistar Antequera a los musulmanes. Ambos pretendientes, el conde de Urgel y Fernando de Antequera, podían aducir parecidas pretensiones de parentesco con el fallecido Martín I. Pero el Trastámara era mucho más rico y estaba mejor relacionado que el conde. Finalmente se ofreció a Fernando la corona de Aragón por parecidas razones que habían llevado a Enrique II al trono castellano: su valía personal, su energía, y el apoyo de la pequeña nobleza conservadora, junto con el de una gran parte de la burguesía de conversos.

El corto reinado de Fernando de Antequera (1412-1416) fue sólo en parte positivo para Aragón. Por un lado contribuyó a la solución definitiva del cisma papal, cisma que había envenenado la vida política aragonesa durante medio siglo. Su acceso al trono atrajo hacia Aragón parte de la riqueza castellana, en un momento en que las fortunas barcelonesas empezaban a vacilar. Pero por otro lado, nunca consiguió la adhesión de las cortes de Cataluña, consagró sus mayores esfuerzos a la obtención para sus hijos de altas dignidades y matrimonios favorables, y dedicó a la pacificación de su nuevo reino una gran parte de los ingresos procedentes de los impuestos castellanos, que en principio estaban

destinados a la cruzada contra los musulmanes. Su hijo
primogénito, Alfonso V el Magnánimo (1416-1458), in-
vadió en 1420 la isla de Córcega, sin haber llegado a
solucionar sus diferencias con las Cortes de los tres
reinos. Prefirió vivir en Nápoles, donde se convirtió
en un mecenas de las artes generoso y apreciado. Su
esposa, María, gobernó en calidad de regente sobre
Aragón y Cataluña en los difíciles años del declive económico de Barcelona. Mientras tanto, su hermano menor
Juan, casado con Blanca de Navarra, gobernaba este
pequeño reino y dirigía las campañas de los Trastámara
castellanos y aragoneses contra el favorito del rey castellano, Don Alvaro de Luna.

Al morir Alfonso V, las posesiones familiares fueron
oficialmente divididas, heredando Ferrante, hijo bastardo de Alfonso, la corona de Sicilia, y su hermano menor,
Juan, la corona de Aragón. La situación familiar de
Juan II de Aragón (1458-1479) era también compleja.
Tenía dos hijos procedentes de dos matrimonios diferentes. El primogénito era Carlos, príncipe de Viana,
que, por ser hijo de Blanca de Navarra era el heredero
de las coronas de Navarra y Aragón. Su segundo hijo era
Fernando, cuya madre era Juana Enríquez, hija del poderoso y rico Fadrique Enríquez, *almirante* de Castilla.
Fernando fue siempre el favorito, en primer lugar por
las importantes conexiones de su familia materna y luego
por el propio reconocimiento paterno de la superior
habilidad política de su segundogénito.

La preferencia de Juan por su segundo hijo y por los
intereses familiares trastamaristas provocó una larga y
dura guerra civil. Era costumbre en la corona de Aragón,
aunque no fuese jurídicamente preceptivo, que el rey
nombrase a su hijo primogénito «lugarteniente» en Cataluña. En 1460, al intentar marginar Juan II a su hijo
primogénito Carlos, en favor de Fernando, que contaba
ocho años, la provincia abrazó, por motivos patrióticos
y constitucionales, la causa del príncipe de Viana. El
desgraciado príncipe murió en 1461, y el intento de
Juan de nombrar gobernadora a Juana Enríquez, la madre de Fernando, desembocó en una década de revolu-

ción y guerra civil. El viejo patriciado urbano, apoyado
por una gran parte de los artesanos y pequeños comerciantes de Barcelona, dirigió la revuelta contra Juan;
éste se vio apoyado por la gran mayoría de los campesinos acomodados, mientras la nobleza y el clero se en-
contraban divididos. La intervención francesa contribuyó
al debilitamiento de la posición económica y política
dominante de Cataluña, si bien Juan II, a pesar de
haber sido el vencedor, hizo concesiones políticas en
favor de los intereses catalanes.

El rasgo más característico de la historia aragonesa,
tan brevemente resumida, es la gran dispersión de energías que se observa: los enfrentamientos constitucionales y de «estado» en el interior y entre Aragón,
Valencia, Cataluña, el Rosellón, Sicilia, Cerdeña, Nápoles y las islas Baleares; las aventuras militares en Grecia
y el norte de Africa; las rivalidades comerciales y piráticas dominantes en el Mediterráneo; los altibajos de la
prosperidad mercantil de Barcelona, Valencia, Mallorca
y Nápoles. Este derroche de energías es comparable al
de los españoles en el Nuevo Mundo en el siglo XVI.
Pero las divisiones dinásticas y la posibilidad que los
pueblos sometidos tenían de pedir el apoyo francés, italiano o musulmán para contrarrestar a la corona de
Aragón, provocaron una inevitable debilidad en el Imperio Mediterráneo aragonés de los siglos XIII, XIV y XV.

Durante estos dos siglos de gran vitalidad económica
y de turbulencias políticas, judíos y mudéjares continuaron, en gran medida, desempeñando el mismo papel
del siglo XIII. Ambas comunidades proveían a las ciudades castellanas y aragonesas de artesanos, fabricantes
de paños, zapateros y metalúrgicos. Los mudéjares des-
tacaban especialmente como expertos campesinos, albañi-
les y arquitectos. Una gran proporción de los recaudadores de impuestos, médicos, farmacéuticos e intérpre-
tes eran judíos. Pero en los siglos XIV y XV creció la
ola anti-semítica, que estuvo claramente relacionada
tanto con el crecimiento económico como con las guerras
civiles del período. Todos los reyes, las grandes familias
nobiliarias, como los Lara y los Haro, los ricos arzobis-

pados y las Ordenes militares se servían de los judíos
como intendentes de sus fondos y de sus inversiones.
Es cierto que la minoría cultivada se enorgullecía de su
tolerancia. Raimundo Lulio (muerto en 1315), el gran
sabio y escritor mallorquín, conocía el árabe mejor que
el latín, y estuvo influido tanto por los Sufís musulmanes como por Maimónides y otros filósofos judíos y
árabes de pensamiento aristotélico. En su *Libro del
Gentil y los Tres Sabios,* representantes de las tres religiones, islámica, judaica y cristiana, exponen sus creen-
cias a un pagano inteligente. Es evidente la intención
del autor de que el pagano termine por escoger la cristiana, pero el debate queda inconcluso y sin que se
llegue a ninguna decisión. Don Juan Manuel, sobrino
de Alfonso X y uno de los regentes durante la minoría de Alfonso XI, calificaba a su médico judío de amigo
íntimo y digno de toda su confianza. Los médicos eran
también con frecuencia rabinos, y su función se aseme-
jaba más a la de los psiquiatras modernos que a la de
los médicos propiamente dichos. Así se comprende que,
por su gran cultura y por su habilidad profesional, llegasen a ser los confidentes lógicos de unos pacientes
sensibles, ricos y neuróticos.

Pero estas relaciones tenían otra cara más desfavo-
rable. Raimundo Lulio hizo esfuerzos considerables para
convertir a los judíos aragoneses. Sus sermones no tienen el tono amable de sus escritos filosóficos, y la verdadera base de su tolerancia era su íntima conciencia
de superioridad y la convicción de que la conversión
terminaría por producirse. Los sentimientos de Don Juan
Manuel hacia su médico judío se podrían hallar en más
de un noble culto, pero lo que les permitía que estos hombres «confiasen» en los judíos era la dureza de las
luchas dinásticas y la debilidad de los judíos, casta
pequeña en número, y por definición inferior.

Los más encarnizados enemigos de los judíos eran
las nuevas órdenes mendicantes. Hacia 1240, se ordenó
a los judíos y musulmanes de la corona de Aragón la
asistencia a los sermones de dominicos y franciscanos.
Se organizaron polémicas públicas, en las que los rabi-

nos discutían con los frailes. Muchas de estas polémicas, como la celebrada en Barcelona en 1267 y que duró cuatro días, tuvieron que ser suspendidas, a pesar de la protección de la corona, debido a las amenazas de violencia popular contra unos rabinos que defendían su fe con demasiado éxito. Sabios dominicos, con algunos conocimientos de hebreo y arameo, examinaron también las ediciones disponibles del Talmud, y eliminaron de ellas todas las alusiones al Mesías. A lo largo de estos dos siglos, la Iglesia presionó a las Cortes para la aprobación de leyes restrictivas de las actividades de los judíos y exigiendo que los vestidos judíos fuesen diferentes. La repetición constante de esta legislación indica que no resultaba más eficaz que las prohibiciones modernas del alcohol o la marihuana, y es también digno de destacar que las mismas Cortes atacaran la influencia de los clérigos en el gobierno y en las finanzas con la misma dureza con que protestaban contra la influencia de los judíos.

Sin embargo, la situación general de los judíos se fue deteriorando a lo largo del siglo XIV. Alfonso XI (1312-1350), como su antecesor del mismo nombre, protegió en los primeros años de su reinado a los administradores e intelectuales judíos. Pero también se sirvió de ellos como chivos expiatorios, y cedió a las presiones para la celebración de «polémicas» forzadas con los frailes. En 1348 promulgó un conjunto de nuevas leyes por las que se prohibía a judíos y musulmanes el préstamo con interés o el ejercicio de la función de recaudador de impuestos. Estas leyes fueron elaboradas siguiendo el modelo de la legislación inglesa de medio siglo antes, pero mientras los judíos habían sido expulsados oficialmente de Inglaterra, en Castilla se les animaba positivamente a la permanencia, a la compra de tierras y a emprender actividades comerciales, mientras se les prohibía el préstamo de capitales. Estas leyes eran una concesión tanto a las presiones eclesiásticas como a las de la opinión pública expresada en las Cortes. La necesidad de los servicios administrativos de los judíos seguía siendo tan grande que las mismas Cortes castellanas pidieron en 1351 la revocación de esta legislación.

Samuel Halevi fue el jefe de los recaudadores de impuestos en tiempos de Pedro I el Cruel (1350-1369), hijo de Alfonso, y también miembro de su consejo privado, junto con dos cristianos, y embajador en Portugal. Samuel alcanzó además gran renombre como constructor de una sinagoga en Toledo, su ciudad natal. Pero en 1360 ó 1361, por razones todavía oscuras, fue detenido y trasladado a Sevilla, capital de Pedro, donde murió torturado. La Corona confiscó su gran fortuna, compuesta de oro, plata, tierras en el valle del Tajo y unos 80 esclavos musulmanes. Algunos de sus parientes y otras prominentes familias judías continuaron en el servicio del rey.

En la guerra civil entre ambos hermanastros, Enrique de Trastámara acusó repetidamente al gobierno de Pedro de estar hipotecado a los judíos. Al apoderarse de Burgos, Palencia y Toledo, impuso pesadas contribuciones a las comunidades judías. Pero siguió empleando judíos en su propia administración, arguyendo la imposibilidad de encontrar otros funcionarios civiles cualificados y justificándose, en contraste con su hermano, con la afirmación ante las Cortes de que ningún judío formaba parte de su consejo privado. En la década de 1360, las tropas inglesas aliadas de Pedro y las francesas aliadas de Enrique llevaron a cabo en varias ocasiones grandes matanzas entre las comunidades judías de las ciudades.

El factor individual que probablemente influyó más en el aumento del antisemitismo fue la Peste Negra. Entre la cuarta parte y la mitad de la población de Europa occidental, y también de la española, pereció ante los efectos de esta variedad de la peste bubónica que se extendió por el continente en 1348. El carácter masivo de esta mortalidad trajo consigo un hundimiento completo de la autoridad constituida. El robo y la histeria se convirtieron en manifestaciones corrientes, las tierras no se cultivaban, los negocios se desatendían y no se recaudaban los impuestos. El restablecimiento de la vigilancia policial, y de los servicios de la corte y notariales tardó por lo menos dos años en producirse. Durante los diez años que siguieron a 1348, la escasez de mano obra cuadruplicó los salarios, arruinando a muchos señores pequeños y creando al mismo tiempo una nueva clase de campesinos acomodados y ambiciosos que se beneficiaron de la oportunidad, sin precedentes, de hacerse con las tierras de sus vecinos fallecidos.

Desde la predicación de la Primera Cruzada, a finales del siglo XI, el antisemitismo había constituido un factor básico en Europa. En Alemania, en el norte de Francia y en el Próximo Oriente habían tenido lugar matanzas de judíos. En menor escala, también en momentos de tensión durante la reconquista se habían producido linchamientos de judíos, pero en general, antes de 1348, los judíos habían sufrido en España menos vejaciones que en otros lugares de la cristiandad occidental. Todo el mundo culpaba a los judíos de la difusión de la Peste Negra, y en el caos general que se produjo entre 1348 y 1351 fueron abundantes las revueltas anti-judías. En las décadas de 1360 y 1370 se reprodujeron algunos otros brotes menores de la epidemia. Si unimos éstos a la guerra civil, las acciones de los soldados franceses e ingleses y la depresión económica de 1381, podemos encontrar la explicación a que el «pueblo menudo» castellano culpase a los judíos de sus sufrimientos, reales y aparentemente inexplicables.

En 1378 Ferrant Martínez, archidiácono de Ecija, comenzó la predicación de violentos sermones anti-judaicos. Fue reconvenido por su superior inmediato, el arzobispo de Sevilla, Barroso, pero a la muerte de éste en 1390 ocupó temporalmente el cargo de administrador de la diócesis de Sevilla. Exigió la demolición de todas las sinagogas de Sevilla y animó a los campesinos a expulsar a los judíos de sus pueblos. La comunidad judía solicitó la intervención regia, pero en Castilla había comenzado una incierta minoría al morir el rey Juan I. El 4 de junio fue saqueado el barrio judío. Varios cientos de judíos murieron ese día, miles de ellos se convirtieron rápidamente al cristianismo, y un número indeterminado de mujeres y niños fue vendido a los traficantes de esclavos musulmanes. Hacia el 20 de junio, ocurrió lo mismo en las comunidades judías de Córdoba y Toledo. La regencia, desde Segovia, escribió cartas a los funcionarios de las ciudades de Castilla la Vieja recordándoles con gran insistencia que los judíos pertenecían a la corona y debían ser defendidos de los ataques de los campesinos. Pero el gobierno, a pesar de sus intenciones, no pudo refrenar el fanatismo religioso del «hombre de la calle» castellano, y fueron igualmente destruidos los distritos judíos de Burgos y de otras ciudades del norte.

En Aragón, a pesar de la actitud clara del rey Juan I y de su hermano el infante Martín, ocurrieron hechos semejantes. El 9 de julio fue incendiada la aljama de Valencia por una muchedumbre capitaneada por soldados castellanos que esperaban ser transportados a Sicilia. El rey escribió una carta de reconvención a su hermano Martín, pero éste no pudo controlar al populacho. Cataluña se enorgullecía de su larga tradición de tolerancia, y de hecho había acogido a muchos refugiados judíos que huían de las persecuciones del sur de Francia durante los cincuenta años anteriores. Pero a principios de agosto, fueron asesinados en Barcelona varios cientos de judíos, también por tropas que iban a ser embarcadas para Sicilia. Los sentimientos antisemitas debieron de ser fuertes entre la población local, pues en el otoño de 1391 se produjeron ataques armados y asaltos a los barrios judíos de Barbastro, Lérida y Jaca. El conde de Ampurias dio refugio en su castillo a los judíos de Gerona, y los campesinos sitiaron el castillo. En Zaragoza, capital del reino, la fuerza de la monarquía impidió los motines, y en Tarragona, residencia de la más antigua sede arzobispal del reino de Aragón, los ataques fueron de poca importancia. La corona reaccionó enérgicamente, no sólo porque los judíos les eran de gran valor, sino también porque estas revueltas escondían, junto con el antisemitismo, protestas de tipo social en general. En algunas ciudades se ejecutó a unos cuantos jefes, pero en general, en 1392, el restablecimiento del orden fue acompañado del perdón a los amotinados.

Durante el siglo XIV, se incrementaron en gran medida las conversiones al cristianismo de los elementos de la intelectualidad y la aristocracia judía. La documentación es demasiado escasa para hacer generalizaciones y, como es lógico, han existido fuertes sentimientos entre los eruditos tanto judíos como cristianos que han escrito sobre esta cuestión. Pero es evidente que esta tendencia apareció con independencia de los acontecimientos catastróficos como la Peste Negra o los pogromos de 1391, y que las primeras conversiones de intelectuales fueron absolutamente sinceras. En los felices días de Alfonso X, a mediados del siglo XIII, parecía que estaba surgiendo una era de completa tolerancia y simbiosis entre las tres comunidades religiosas. Los traductores y funcionarios civiles judíos sentían un profundo agradecimiento hacia el rey, y estaban claramente influidos por un entorno cristiano que no les consideraba proscristos. Muchos espíritus profundamente religiosos rechazaban la idea de que los judíos eran el único pueblo escogido. Eran conscientes del reto que representaba el pensamiento cristiano para la noción judaica del Mesías. Podían llegar a preferir la teología cristiana al Talmud, tortuoso en su legalismo, o al frío racionalismo de Maimónides.

Uno de estos intelectuales, que no era ni rico ni políticamente influyente, fue Abner de Burgos, más tarde conocido con el nombre cristiano de Maestro Alfonso de Valladolid. Abner tuvo, al parecer, sueños y pesadillas durante veinticinco años, en los que sintió la acuciante necesidad de convertirse. En 1320, hizo pública su conversión en un libro llamado *Las Guerras del Señor,* del que sólo se conservan fragmentos que manifiestan un gran odio hacia el Talmud y Maimónides. Alaban el determinismo y la idea de predestinación de San Pablo y San Agustín, y recogen la admiración hacia la ardiente llama del misticismo cristiano medieval. Para defenderse de los ataques de sus antiguos correligionarios, Alfonso invocaba el ejemplo de Abraham, que encontró su nueva fe y abandonó su hogar a la edad de cincuenta y dos años.

Setenta años más tarde, otro natural de Burgos, esta vez un vástago de una antigua y rica familia de recaudadores de impuestos, abandonó la comunidad judía. Salomón Halevi, que contaba cuarenta años, y que representaba a Castilla como diplomático en la corte francesa, decidió en 1390 ó 1391 convertirse al cristianismo, siendo bautizado en Burgos con el nombre de Pablo de Santa María. A su vuelta a París, donde fue a estudiar Teología, se hizo amigo del cardenal Pedro de Luna, que en 1394 fue elegido papa con el nombre de Benedicto XIII. Pablo pronunció discursos anti-judíos en Aviñón e intentó infructuosamente que Juan I de Aragón promulgase leyes restrictivas para su reino. En 1396 fue nombrado canónigo de la catedral de Burgos, y más tarde fue capellán de Enrique III. A la muerte de éste, colaboró en la regencia de su hijo Juan II, y en 1415 fue nombrado obispo de Burgos.

Pablo de Santa María constituye un ejemplo dramático, aunque de ningún modo raro, de converso judío que llegó a ser un poderoso y celosos perseguidor de judíos. Cooperó activamente con San Vicente Ferrer en sus esfuerzos por eliminar las comunidades judías de Castilla. Durante los primeros años de la regencia de Juan II, San Vicente Ferrer recorrió las ciudades castellanas, exhortando a los judíos a la conversión voluntaria. Al mismo tiempo, con los campesinos que le seguían, aterrorizaba a los judíos irrumpiendo en las sinagogas y proclamando su conversión en iglesias cristianas y expulsando a los judíos de sus casas cuando tenían la mala suerte de poseer propiedades en el centro o en las cercanías de las ciudades cristianas. Presionó sobre la corona para conseguir la promulgación de nuevas leyes restrictivas, dictadas en 1412, por las que se prohibía a los judíos el ser recaudadores de impuestos o desempeñar cualquier otro cargo de gobierno. Las comunidades supervivientes (que habían escapado a la destrucción de 1391) perderían su tradicional «status» municipal independiente. Vicente, contando con el apoyo total del obispo Pablo, intentó crear una situación de auténtico *apartheid*. Se obligaba a los judíos a dejar crecer sus cabellos, llevar barba y vestir de modo diferente. Fueron confinados en áreas determinadas, y los médicos, mercaderes o artesanos judíos no podrían tener clientes cristianos. Como en tiempos anteriores, estas leyes no llegaron a ser totalmente respetadas, pero en esta ocasión estaban sancionadas por el gobierno real y apoyadas por un *converso* de gran prestigio.

Mientras tanto había muerto Martín I de Aragón en 1410 y, tras un interregno de dos años, la elección para el trono había recaído en Fernando de Antequera. Fernando había gobernado en Castilla desde 1406 a 1410 en calidad de regente de su sobrino Juan II. Su elección al trono aragonés se debió en gran medida al fuerte apoyo que le prestó San Vicente Ferrer, quien deseaba convertir a los judíos aragoneses tanto como a los castellanos. Era un personaje de gran influencia en la corte de Benedicto XIII, que en su calidad de «anti-papa» en el cisma de la Iglesia de Roma, había fijado su residencia en Tortosa. Como miembro de una familia de conversos y en cuanto «papa» que había huido de Aviñón para salvar la vida, y que no era reconocido en Francia ni en Italia, Benedicto tenía un interés especial en demostrar su autoridad personal y la ortodoxia de su fe. Además, fue un gran defensor en España de la tradición jurídica romana,· y dicha tradición acentuaba la importancia de una autoridad única y centralizada tanto en lo secular como en lo religioso. San Vicente Ferrer y Benedicto planeaban, pues, una campaña conjunta para la conversión de los judíos. Creyeron contar también con el apoyo de Fernando de Antequera, que les debía a ambos su elevación al trono aragonés.

El médico personal de Benedicto XIII era un judío llamado Joshua Halorki, al que convirtió San Vicente en 1412. Con el nombre cristiano de Jerónimo de la Santa Fe, Halorki recopiló con rapidez una antología de textos judaicos, algunos de ellos falsificados, que aceptaban a Cristo como el Mesías. En noviembre de 1412, Benedicto invitó solemnemente a todas las comunidades judías de Aragón a enviar cada una a una representación de sus eruditos a la corte papal de Tortosa para

participar en un «debate» que probase de manera definitiva que la religión verdadera era la cristiana y no la
judía. Las sesiones se inauguraron en enero de 1413, ante
una asamblea de cardenales vestidos de rojo. Halorki
anunció que su demostración se apoyaría en un silogis-
mo, profusamente ilustrado con citas del Talmud: El
Hombre en quien se cumplieron todas las profecías es
el Mesías; estas profecías se cumplieron en Jesús; por
tanto, Jesús es el Mesías. El debate se prolongó, de
modo intermitente, durante un año entero. Las primeras
sesiones se desarrollaron de forma oral, mientras que en
las últimas se introdujo el procedimiento escrito. Los
judíos estuvieron desde un principio a la defensiva, y en
abril los representantes papales presentaron testimonios,
forzados y posiblemente falsificados, según los cuales
algunos sabios judíos habían aceptado la verdadera ve-
nida del Mesías. Mientras tanto, Vicente Ferrer lanzaba
sus fulminaciones en las sinagogas de las ciudades aragonesas y Fernando, molesto ante su fanatismo y la violencia de sus partidarios, intentó hacerle predicar en
Tortosa y Zaragoza, ciudades con minorías más cultas
que podrían refrenar el efecto melodramático de sus
sermones.

Los judíos prolongaron la polémica esperando la me-
diación a su favor de Fernando de Antequera. Por mucho
que debiera el trono a Benedicto, tendría que estar interesado por la prosperidad de su reino y por la disposición
mostrada por toda la Iglesia, con excepción de la española, a terminar con la situación cismática y aceptar al
Pontífice romano. De hecho Fernando negociaba con los
judíos, y a comienzos de 1414, Vidal ben Benevist de la
Cavalleria, el más famoso de los delegados judíos, se
convirtió al cristianismo, reingresando en el servicio
del rey con el nombre de Gonzalo de la Cavalleria. La
polémica de Tortosa se clausuró oficialmente en 1415 con
la promulgación de una serie de leyes antijudías semejantes a las de Castilla de 1412.

Un año más tarde, el cambio de los personajes clave
hizo variar la situación política. El tolerante y culto Alfonso V sucedió a su padre Fernando en el trono de

Aragón. Juan II de Castilla accedió a la mayoría de edad, y se convirtió en un monarca amante de la cultura y enemigo de cualquier fanatismo. También el nuevo Papa de Roma, Martín V, era un hombre dulce y tolerante, y con la acción conjunta de estos tres personajes, se derogaron la mayor parte de las leyes promulgadas por inspiración de San Vicente Ferrer. Pero la plebe urbana se oponía a esta derogación y, de todas formas, los pogromos de 1391 y los acontecimientos de 1412-16 había resquebrajado completamente la firmeza de las comunidades judías de ambos reinos.

Las conversiones masivas de judíos de finales del siglo XIV hicieron aparecer un grupo social nuevo, carente de un «status» legal específico y de coherencia espiritual, los llamados *conversos* o cristianos nuevos. Sólo un pequeño número de conversiones fue consecuencia de un puro cambio de opiniones intelectuales y religiosas. Un número mayor indicaban un cambio acomodaticio, abierto y escéptico, ante una nueva situación de hecho: el sentimiento antijudío se afirmaba en España, y los judíos podían salvar no sólo la vida, sino también sus características y su gran tradición cultural convirtiéndose al cristianismo. La mayoría de las conversiones, sin embargo, especialmente entre artesanos y pequeños comerciantes, fueron consecuencia de un miedo atroz. De hecho, a lo largo del siglo XV, los conversos siguieron desempeñando las mismas funciones dentro de la sociedad española que los judíos en los siglos anteriores. La corona, la aristocracia y la alta burguesía aceptaron de buena gana esta aparente solución al problema judío. Las grandes familias de *conversos,* los Luna, los Guzmán y los Enríquez, detentaron altos cargos eclesiásticos y políticos. Eran frecuentes las sátiras literarias y los chistes festivos sobre la sangre judía que corría por las venas de muchas importantes familias del reino. La dinastía Trastámara procedía de la amante judía de Alfonso XI y el príncipe Fernando, marido de Isabel, era hijo de una conversa, Juana Enríquez.

Pero las conversiones masivas no eliminaron los prejuicios racistas de los cristianos viejos castellanos, y esto provocó la división de la antigua comunidad judía en dos facciones, que se odiaban y despreciaban mutuamente. El «establishment» judío, compuesto por los rabinos, notarios y oficiales de las aljamas, nunca había visto con buenos ojos los matrimonios mixtos. En estos momentos su postura fue aún más cerrada: hacían pesquisas sobre la genealogía, las relaciones sociales y profesionales de sus correligionarios. Al mismo tiempo, algunos conversos se convirtieron en celosos perseguidores de sus antiguos correligionarios, mientras que otros confiaban, por el contrario, en que unas concepciones racionales, escépticas o simplemente humanas podrían reseñar las heridas y permitirles desempeñar un papel positivo de intermediarios entre las comunidades cristiana y judía.

Esta gran proporción de conversiones y de matrimonios mixtos provocaron la obsesión de la *limpieza de sangre*. Esta había sido una cuestión importante en el seno de la clase dirigente de la España musulmana durante el emirato y el califato, y la revuelta de los grupos étnicos antiárabes había sido un factor decisivo de la desintegración del califato. De igual modo, la pureza de sangre iba a convertirse en un criterio político importante en la España de fines del siglo XV hasta bien entrado el siglo XVII. Pero durante el período central de la Edad Media muy pocas personas, a excepción de los eclesiásticos cristianos y los rabinos, se habían preocupado por controlar los matrimonios mixtos. Cuando a mediados del siglo XV surgió la noción de «pureza de sangre» como una exigencia para determinados cargos, tanto el gobierno real como la Iglesia la rechazaron enérgicamente. Pero poco a poco, entre 1467 y 1547, diversas órdenes religiosas y capítulos catedralicios la aceptaron, y se convirtió en una característica básica de la sociedad española de los siglos XVI y XVII. Al mismo tiempo, a partir de 1391, las diezmadas comunidades judías y la nueva casta de conversos vivió oscilando entre el oportunismo y el terror.

5. Literatura y pintura en la España medieval

El lector del presente libro habrá llegado ya a la conclusión de que la España medieval tuvo una vida intelectual y artística pujante. Durante los siglos de dominio musulmán se escribieron importantes obras en los campos de la teología, el derecho, la astronomía, la botánica y las matemáticas. La traducción de manuscritos persas, hindúes y griegos habían enriquecido el patrimonio cultural arábigo y atestiguado el eclecticismo, la tolerancia y la capacidad de asimilación de la cultura musulmana. En al-Andalus se escribió una refinada poesía lírica en lengua árabe y una poesía popular tanto en árabe como en romance. Es significativo que, en contraste con la literatura castellana y catalana posterior, no hubo una producción dramática con caracteres realistas, diferenciados e individualizados. En la España musulmana se había producido también un desarrollo extraordinario de las tradiciones artesanales, especialmente en el trabajo del metal, el cuero, los productos textiles, el marfil, la madera y la cerámica, y de unas formas arquitectónicas que llegaron a ser a un tiempo espaciosas, dignas, estéticas y perfectamente integradas en el paisaje. Estas tradiciones

arquitectónicas y artesanales fueron transmitidas a la
España cristiana por medio de los artesanos mozárabes
y mudéjares, y alcanzaron un ampio desarrollo a partir
del siglo XII entre los artesanos del norte de España. La
labor de Alfonso X y de sus traductores permitió la
difusión a finales del siglo XIII de los libros científicos
y filosóficos. La influencia de la poesía arábiga y romance
primitiva se hizo sentir más en el terreno de la canción
popular y juglaresca que en el de la tradición culta. La
arquitectura, la escultura y las artes decorativas de finales
de la Edad Media constituyen una síntesis de una admi-
rable flexibilidad del románico, gótico cisterciense y mudéjar.

Vamos a describir la aparición de la poesía en lengua
romance y de la pintura, dos formas artísticas que datan
de comienzos del siglo XII y que alcanzaron un gran desarrollo en España a partir de entonces. La principal obra
literaria en castellano que nos ha llegado es el *Poema
del Cid*. El poema narra la vida de este heroico noble de
segunda fila, que, como hemos visto antes (págs. 53-58),
sirvió primero a Alfonso VI y más tarde fue desterrado
por él, y que por poco tiempo arrebató Valencia a los
almorávides en 1094. La evidencia documental sobre el
Cid es lo suficientemente amplia como para saber que
se trata de un personaje históricamente identificable, al
contrario de los héroes de las sagas nórdicas e incluso de
la *Chanson de Roland*. El poema se puede calificar de
biografía novelada. Las referencias a la actuación política y militar del Cid, así como a las relaciones con Alfonso VI, son en su mayor parte históricas. La narración
de las relaciones con sus subordinados, con su esposa y
con Jerónimo, obispo cluniacense al que llamó a Valencia,
son verosímiles aunque no directamente demostrables. La
historia de los matrimonios desgraciados de sus dos hijas
es probablemente legendaria, pero quizá esté tan cerca
de la verdad poética como muchos de los detalles de las
novelas y películas contemporáneas basadas en la biografía de personajes históricos.

En cualquier caso, es mucho más importante el espíritu del poema que la cuestión del grado de exactitud.

Escrito hacia 1140, unos cuarenta años después de la muerte del Cid, nos cuenta una feliz historia, que se inicia con el destierro injusto del Cid y su estafa a dos prestamistas judíos y termina con la total reconciliación con Alfonso VI y con el matrimonio de sus hijas con príncipes de Navarra y Aragón. En todo momento, el poeta magnifica su energía, su valor militar y su carisma, apreciado por sus soldados y por los mismos súbditos obtenidos por la conquista. Nos ofrece la imagen de un Cid generoso y afectuoso con su familia y amigos, y rebosante de humor y de buen gusto. El poeta muestra un gran sentido jurídico, insiste en la obediencia del Cid a su soberano, a pesar de las injusticias que sufrió con resignación. Nos presenta la superioridad moral de nuestro héroe sobre la nobleza hereditaria, y su capacidad para hacer frente a todos los embates de la vida. El Cid lleva a cabo complicadas alianzas y negociaciones, pero no muestra dudas hamletianas y conserva siempre buena conciencia de sus actos y de los de sus amigos. Aun buscando abiertamente las conquistas y la riqueza, tiene la seguridad de que su causa personal es la de la justicia y coincide con la voluntad divina. Sus planteamientos racionales y legales están en relación con la guerra y con su posición económica y social, y no con cuestiones teológicas y con la ideología de la cruzada contra los infieles. En conjunto, este pequeño noble, inteligente, valiente y triunfador, es el gran héroe popular castellano, de un pueblo que se había formado en torno a una difícil frontera, que tuvo que iniciar su expansión para poder sobrevivir y que se vio obligado a afirmarse desde el punto de vista político, tanto frente al Islam como frente al prestigio tradicional del más antiguo reino cristiano de León.

Pero el *Poema del Cid* no debe ser reducido a su tema central y a la gran significación simbólica de su héroe. Maravillan su energía dramática y su belleza, tanto por su calidad literaria como por la pureza de sonido. Las frases descriptivas sirven al mismo tiempo para caracterizar a los personajes y para marcar el ritmo de la narración. El verso tiene un ritmo variable, oscilando

entre 11 y 17 sílabas por verso. La alternancia de una
acentuación fuerte y débil en el mismo medio verso
hacen más efectista su lectura, y en la mayor parte de
los casos sirven para dar más relevancia al significado.
La asonancia le confiere una calidad musical, mientras
la irregularidad de los versos evita el ritmo monótono.
Los diálogos, como las descripciones, son tan concisas
como dramáticas. Aunque la composición del Poema data
de 1140, la copia más antigua que se conserva es de
1307. Por tanto, la tradición oral popular, que conservó
su texto durante más de siglo y medio, dio al poema
parte de su belleza, simplicidad, ritmo y acento del lenguaje. De este modo, el *Poema del Cid* inicia una tradición de profunda y espontánea colaboración entre los
escritores profesionales y el pueblo llano, tradición que
llegó a constituir uno de los elementos fundamentales
tanto del drama del Siglo de Oro como de la narrativa y poesía de los tiempos modernos.

La obra del primer gran poeta lírico castellano, Gonzalo de Berceo (hacia 1200-1265) es casi un siglo posterior
al *Poema del Cid*. Berceo fue monje, y pasó toda su vida
en el reducido confín del Monasterio de San Millán de
la Cogolla. Situado en medio de las colinas de la Rioja,
el Monasterio de San Millán de la Cogolla se abre a
un paisaje placentero: campos de cereales que alternan
con huertas y bosques, en medio de un clima templado
y con abundante agua. Su proximidad al Camino de
Santiago debió de ofrecer al poeta abundantes oportu-
nidades de hablar con los peregrinos y oír noticias relativas al mundo exterior. Conviene recordar que vivió
durante las décadas de la reconquista victoriosa de Andalucía y Levante, que era contemporáneo de Fernando III, de Jaime I (el Conquistador), de Alfonso X (el
Sabio) de Castilla, de San Luis y de Santo Tomás de
Aquino. La suya fue, por tanto, una vida tranquila que
transcurrió en un bello emplazamiento geográfico y estuvo llena de conversaciones relativas a grandes acontecimientos y grandes pensamientos.

Berceo fue un especialista de la traducción en verso de
originales latinos al romance. Se consideraba un *juglar,*

compositor y recitador de versos ante grandes auditorios, pero sus temas básicos fueron las vidas de los Santos más que las hazañas de héroes legendarios. Su *Vida de Santo Domingo* está copiada palabra por palabra de una biografía en lengua latina que databa de 1090. La de San Millán está también basada en documentación latina, a la que añadió su conocimiento personal del paisaje y la historia locales. Al mismo tiempo, es perfectamente consciente de sus limitaciones como latinista. Escribió en unos versos cuidadosamente medidos, estilo conocido con el nombre genérico de *mester de clerecía* por haber sido creado y empleado por poetas religiosos. Las estrofas constan de cuatro versos, y éstos tienen de 14 a 15 sílabas, dos acentos fuertes y dos débiles por verso, y el mismo ritmo en toda la estrofa. Fueron concebidos para ser recitados más que contados, y en manos de Berceo representa una forma de versificación mucho más reposada y menos dramática que la que hallamos en el *Poema del Cid*. Muchos críticos la tachan de monótona, y es cierto que la mayoría del lenguaje y de las imágenes empleadas son convencionales; pero en mi opinión, su música verbal es deliciosa, aunque su encanto es comparable más a las composiciones primeras de Mozart que a las de Beethoven o Wagner. Se proponía con sus versos distraer e instruir a un tiempo, y aspiraba a ser comprendido por el pueblo. Todas sus descripciones y narraciones están hechos en un tono cándido, natural y fácil, y su sentido del humor arranca la sonrisa más que la carcajada abierta. Es correcto sin afectación. Hay también en él momentos de gran inspiración poética y es el primer ejemplo, copiado luego por muchos poetas españoles, de fusión afortunada de los elementos mundanos y populares con el éxtasis místico.

Por tanto, a mediados del siglo XIII existía ya una épica y una poesía narrativa escritas en castellano, y la obra de Berceo fue muy conocida y apreciada incluso en vida del poeta. Pero la primera poesía «romántica», lírica e intimista que conocemos en la España cristiana fue escrita en galaico-portugués. El florecimiento de la lírica galaica se produjo entre finales del siglo XII y mediados

del xiv, época de la que se conservan unos 2.000 poemas. La idea amorosa como protagonista de la poesía
penetró en España de manos de los poetas provenzales
que recorrían el Camino de Santiago y que residían en
la corte del príncipe borgoñón Enrique, fundador del
reinado de Portugal. Los trovadores provenzales dirigían
sus versos tanto a altas damas, inaccesibles, como a inge-
nuas campesinas. En una sociedad más sofisticada, como
la francesa, eran más corrientes los poemas de amor
platónico dedicados a nobles damas. En una sociedad
más rudimentaria, como la del noroeste de España, los
poemas líricos estaban dedicados con más frecuencia a
pastoras y beldades de aldea. Unos poemas amorosos,
característicos de Galicia, eran las *cantigas de amigo,*
poemas de amor cantados por muchachas a sus enamo-
rados, o a amantes ausentes o muertos. Estos poemas
cantan el amor a la naturaleza, así como el amor a hombres y mujeres. Muestran una sensibilidad especial para
las emociones juveniles, y la incertidumbre e inseguridad
de los sentimientos adolescentes, recién despertados. Se
mueven en una atmósfera de una melancolía amable, y a
veces narcisista, en un ambiente que resume muy bien la
palabra *saudade*, que aún hoy sigue siendo un término
clave en toda la cultura poética y musical de los pueblos portugués y brasileño.

Estos poemas amorosos en lengua galaica se componían en dos formas fundamentales: el *zéjel* y el *cossante.*
El *zéjel* era una composición de origen hispano-árabe,
formada por dos o tres estrofas de pocos versos, unidas
por un refrán o estribillo de una o dos líneas. Se danza-
ban y cantaban en las calles de las ciudades de al-Andalus. Había muchos zéjeles bilingües, y es probable que
muchos de los cristianos del norte que los escuchaban,
no entendieran el vocabulario arábigo o romance en que
estaban compuestos. Pero debieron de adquirir con facilidad una cierta sensibilidad para esta forma artística,
del mismo modo que muchos americanos son grandes
aficionados a la ópera italiana sin saber una sola palabra
de italiano. El *cossante* era un tipo de música y de baile
de probable origen pagano. Sus versos eran más largos

que los del *zéjel,* y la relación entre ellos era más aso-
nántica que rítmica. Rasgos característicos del *cossante*
eran la constante repetición de versos próximos y los
ligeros cambios en las frases clave de un verso a otro.
Ambas formas presentaban una flexibilidad mucho mayor,
tanto de vocabulario como de ritmo, que el *mester de
clerecía* castellano. Debió de haber razones subconscientes
de tipo político y psicológico por las que, en el siglo XIII,
la lengua castellana resultaba vehículo apropiado para la
prosa culta, para la poesía religiosa o épica, pero no
para las tiernas emociones amorosas. De todos modos,
la primera poesía amorosa de la España medieval se escribió en lengua gallega y hasta el siglo XV no se adap-
taron al castellano estas formas flexibles y emociones
líricas.

Juan Ruiz, arcipreste de Hita (*c.* 1280 *c.* 1350) fue el
primer gran exponente de una poesía castellana laica y
estilísticamente variada. Teniendo como perspectiva acontecimientos posteriores como la Inquisición y la Con-
trarreforma, resulta una deliciosa ironía que Juan Ruiz
fuera un clérigo, y todo el que quiera comprender el
verdadero espíritu ecuménico y humano de la cultura
medieval española en su momento de esplendor debe
de tener en cuenta este hecho. El arcipreste vio transcu-
rrir su vida a unos 40 kilómetros al este de Alcalá de
Henares, en el centro de la meseta castellana, y cerca de
Segovia, la ciudad regia. Conocemos de él un gran libro,
el *Libro del Buen Amor,* colección de poemas narrativos
y líricos, unidos por un hilo casi autobiográfico. Se ha
discutido demasiado sobre la autenticidad de todas las
aventuras sexuales que el arcipreste describe en primera
persona. Lo más verosímil es que se trate de una auto-
biografía novelada, al igual que el *Poema del Cid* es una
biografía novelada. Pero debió de tener algunas espe-
riencias semejantes a las que cuenta, ya que su tono es
demasiado realista y vívido como para tratarse de experiencia de segunda mano. Y además, en su calidad de
clérigo, debió de escuchar muchas confesiones que añadió a su acervo de «material válido» y los auditorios

medievales estaban acostumbrados a las recitaciones trovadorescas en primera persona de aventuras ajenas.

Juan Ruiz empleó la misma forma de versificación que Berceo: estrofas de cuatro versos y versos de un promedio de 14 sílabas, sin variación rítmica en las estrofas. Se trata de la *cuaderna vía,* versión menos solemne y de uso más generalizado del *mester de clerecía* (por ser usado por clérigos). El arcipreste escribió también himnos en versos de ocho sílabas, con variados esquemas rítmicos, picantes *zéjeles* dentro de la tradición hispanoárabe, y *serranillas,* composiciones cortas y festivas en versos de seis o siete sílabas, que tenían como tema escenas de amor en el monte agreste con pastoras de rudos y variados temperamentos. El denominador común más claro en su tratamiento de las formas de versificación es el tono coloquial inmediato que sabe imprimir a todos los convencionalismos poéticos. Y aunque métricamente su *cuaderna* sea la misma que la de Berceo, el ritmo real que le imprime es mucho más variado y ligero.

Tan variados como su formas son sus temas: aventuras amorosas en todos los niveles sociales; conversaciones con estudiantes, mendigos, juglares y viajeros de todas clases. Yo considero su actitud emocional típicamente hispánica. La vida para él está llena de dramas, conflictos y frustraciones. Pero hace frente con energía a estos caprichos del destino. Acepta la desgracia con estoicismo; trata con ironía los fracasos en su persecución de mujeres, pero sigue respetando los grandes sentimientos humanos. Estas actitudes realistas y esta cruda y dramática expresión de los sentimientos impiden el desasosiego y resentimiento internos, que llevan al hombre moderno a las consultas psiquiátricas. Resulta, al mismo tiempo, difícil calibrar el alcance de la influencia del arcipreste. El Marqués de Santillana y otros pocos poetas del siglo xv conocieron su obra, pero su amplia difusión en España no tuvo lugar hasta mediados del siglo xix. Por su fogosidad, por su conocimiento y amor hacia el pueblo sencillo, por su humor chispeante y su gran vida nos recuerda a un Cervantes o a un Galdós,

10. El marqués de Santillana en actitud orante.

o a cualquiera de los grandes genios literarios que han sabido retratar la vida interior del pueblo español.

De características completamente diferentes a las del arcipreste fue su contemporáneo D. Sem Tob de Carrión (muerto hacia 1340). Sem Tob escribió tanto en hebreo como en castellano, y era un oponente público del judío recién convertido Abner de Burgos. Su obra lírica está dedicada al príncipe Pedro, el futuro rey Pedro el Cruel, que había dado ya considerables muestras de actitud amistosa hacia la comunidad judía. Sem Tob cantaba la belleza de la naturaleza con el mismo entusiasmo de los poetas galaicos, pero sin la misma necesidad de acudir

a procedimientos narrativos para expresar esos sentimientos. Escribió poemas amorosos de carácter sensual,
con más ternura y melancolía que los de Juan Ruiz y con
claras reminiscencias de la poesía galaica. Más concretamente, es el primer poeta castellano que muestra un
interés por la cultura, por la instrucción filosófica y
por la discusión. Como judío español del siglo XIV,
su horizonte intelectual se extendía desde Burgos hasta el Oriente Medio, a través de Andalucía y del
norte de Africa. Apenas conocía el mundo latino medieval. El caso particularmente claro de Sem Tob puede
generalizarse a todo el pensamiento y literatura de la
España cristiana en el siglo XIV, mucho más influido por
la herencia islámica que por la europea occidental. Por
ejemplo, tanto Raimundo Lulio como Juan Ruiz muestran, en su estilo y su visión del mundo, influencias arábigas más fuertes que las latinas.

Los *romances,* cuyos primeros ejemplos datan de la
guerra civil de la década de 1360 entre Pedro el Cruel
y su hermanastro Enrique de Trastámara, constituyen el
último elemento importante de la poesía medieval castellana. Eran baladas de longitud variable, compuestas por
versos asonantes octosílabos, y concebidos para ser cantados. Parecen proceder más de un medio rural que
urbano o cortesano, y eran obra de poetas aislados si
bien sufrían una espontánea revisión en el curso de su
transmisión oral. Como el *Poema del Cid,* son exponente
de la fusión entre un arte ya elaborado y las expresiones
populares. Su tema normal es la guerra, o sus efectos
sobre quienes permanecen en sus hogares y tienen que
soportar el paso de las tropas. Son de un profundo realismo y de gran fuerza dramática, y carecen de metáforas
complejas. Suelen mostrar una actitud benevolente ante
los enemigos derrotados (casi siempre musulmanes), están desprovistos de prejuicios religiosos o étnicos y normalmente no hacen juicios morales sobre los acontecimientos descritos. Como en el *Poema del Cid* o en la
obra del arcipreste, en ellos la vida se presenta como
una sucesión de episodios dramáticos. Vivir como es
debido implica el sentimiento profundo de las cosas y

la actuación enérgica en cualquier causa con independencia de que se gane o se pierda. El *romance,* que tuvo su época de auge entre 1360 y el reinado de Fernando e Isabel, es el reflejo directo de la vitalidad, la inocencia y la gran simpatía del pueblo español.

Las más importantes obras de la literatura catalana están escritas en prosa: las obras filosóficas de Raimundo Lull (Lulio) y la *Crónica* de Ramón Muntaner sobre la expansión mediterránea. Las influencias provenzales y del Languedoc en la alta Edad Media, y las italianas en el siglo xv, debieron de dificultar la creación de un lenguaje poético específicamente catalán. El único poeta, al menos de los que tienen una obra conocida, comparable en categoría a Berceo o al arcipreste, es Ausias March (1397-1459). March era un cortesano que al parecer «fue demasiado lejos» en un asunto amoroso ilícito, y que por ello fue expulsado del servicio real en 1429 y pasó los treinta años restantes de su vida en sus grandes propiedades, cazando, haciendo el amor y escribiendo. Su poesía, en cierto modo como la de John Donne, se caracteriza por el tremendo esfuerzo intelectual que realiza para captar todos los matices, delicados y complicados, de su vida interior. Sus grandes preocupaciones eran la muerte, el sentimiento de culpa por el amor sensual y la inseguridad ante la verdadera naturaleza de sus emociones. Su poesía constituye un esfuerzo filosófico por hacer inteligibles sus complejos sentimientos. Emplea largas y complicadas metáforas, y en general todo su estilo poético contrasta violentamente con el talante directo, exhuberante y lleno de vida de la poesía castellana antes citada.

Mientras, como hemos visto, los principales poetas de la España medieval fueron gallegos o castellanos, los grandes pintores fueron en su mayoría catalanes, valencianos o andaluces que trabajaron en el reino de Aragón-Cataluña. Las primeras obras pictóricas importantes de la España medieval son los frescos de los muros y ábsides de las iglesias románicas de los Pirineos catalanes. Los temas y la iconografía proceden claramente de los mosaicos bizantinos. Pero la técnica de pintura al fresco,

11. Los toros de Tahull. Detalle del fresco de la bóveda de San Clemente de Tahull.

en la que se pinta sobre una capa de argamasa húmeda, era un modo más rápido, barato y flexible de decorar una gran superficie. El trabajo debía de hacerse en dos fases sucesivas: en la primera se pintaba el fondo, a base de colores fuertes y brillantes, como el amarillo, ocre, rojo y azul; luego, en una segunda capa fina de yeso, el artista añadía los trazos lineales y los detalles decorativos. La velocidad con que se desarrollaba el trabajo en la técnica del fresco facilitaba al artista aislado la expresión de su visión personal.

Desde el punto de vista artístico, los frescos más impresionantes del románico catalán son los de San Clemente de Tahull, terminados probablemente en el año 1123 y trasladados a comienzos de este siglo al museo de arte catalán de Barcelona. Destaca en ellos el cuidadoso empleo arquitectónico de los muros y bóvedas curvas, la firmeza de los trazos exteriores, la suntuosidad de los paños que cubren a las figuras humanas, la fuerza del colorido y la profunda vida, energía y penetrante mirada del Cristo Pantocrátor. Desconocemos hasta qué punto el arte catalán del siglo XII sufrió la influencia islámica de al-Andalus. Al proscribir las normas religiosas islámicas, como las judaicas, la representación de la Divinidad, el arte decorativo islámico de las mezquitas tiene un carácter totalmente abstracto. En la cerámica y telas, sin embargo, aparecen pájaros y otros animales, diseñados dentro de una amplia gama de estilos muy naturalistas y fantásticos. En los frescos de Tahull, se adivina una cierta influencia del arte islámico en los toros, distorsionados pero reconocibles, que son sin duda el claro antecedente de los toros retorcidos pintados por Picasso en su *Guernica*.

Una característica llamativa de la mayoría de los murales catalanes del siglo XII es la relativa complejidad de los detalles de fondo; así, en el entarimado geométrico pintado bajo la franja de leyendas, en los temas botánicos o zoológicos de la decoración de las columnas, o en el óvalo que circunda la figura del Pantocrátor. La decoración de las mezquitas y palacios musulmanes se caarcterizaba, sobre todo, por el empleo de un dibujo muy detallado que cubría toda la superficie, y este rasgo característico del arte musulmán pudo influir en los pintores catalanes de frescos. La impresión general que nos dan los frescos de Tahull es de una gran imaginación creadora, grandeza en el diseño, gran dominio técnico del medio, y capacidad de asimilación de todos los precedentes bizantinos, franceses e hispano-árabes. Durante los siglos XII y XIII, se decoraron con frescos del mismo

estilo muchas iglesias aragonesas, llegando esta influencia
hasta un punto tan occidental como Berlanga de Duero,
en Castilla la Vieja. Pero en general, esta técnica pictórica no produjo innovaciones y no nos ha llegado ninguna
muestra de superior, y aun semejante calidad, a las pinturas de Tahull en 1123 (ver mapa de la pág. 107).

El siguiente hito importante de la pintura española
lo marca la obra de Ferrer Bassa (c. 1285-1348). Bassa
debió de tener una gran personalidad. Su larga y acci-
dentada vida incluye una sentencia de muerte por asalto
criminal en 1315, varios indultos por parte del rey Jaime II de Aragón, y el desempeño de misiones diplomáticas para el rey Pedro IV, que le nombró pintor de corte.
La única obra que de él nos ha quedado es la serie de
murales del convento de las monjas Clarisas de Pedral-
bes, cerca de Barcelona. Se trata de pinturas al óleo, y
no al fresco, que representan el primer ejemplo conocido de esta técnica aplicada a los muros; al parecer
Bassa se sirvió de un ingrediente completamente desconocido que ha retardado en gran medida el agrietamiento
y desvanecimiento del óleo. Representan escenas de la
vida de Cristo. Por su representación figurativa y su capacidad para plasmar un sentido del volumen y del peso
pudo tener una cierta influencia del Giotto, pero su gran
originalidad queda patente en la expresión de los rostros,
en su gran maestría decorativa con los vestidos y los paños y en su capacidad de sugerencia sin acudir a pequeños detalles (como muestra con la máxima claridad su
Adoración de los Magos).

Contemporáneos y algo posteriores a la obra de Ferrer Bassa son los numerosos e interesantes murales y
altares, decorados también al óleo, de las iglesias góticas
construidas en el siglo XIV. En la segunda mitad del siglo se extendió rápidamente la influencia italiana, en
especial la de la escuela sienesa, y fue positivamente asi-
milada por pintores de categoría, aunque sin una gran
originalidad, como los hermanos Jaime y Pedro Serra, y
Luis Borrasá. En el siglo XV la influencia flamenca fue
la dominante, tanto en Aragón como en Castilla: Luis
Dalmau (muerto en 1463) estudió con Jan van Eyck en

12. Ferrer Bassa, *La adoración de los Magos* (1345-46). Mural del convento de las Religiosas de Santa Clara.

Brujas, en 1431; Juan II de Castilla, uno de cuyos pintores favoritos era Roger van der Weyden, fue un entusiasta y entendido mecenas artístico; y Jaime Huguet, el más importante pintor catalán de finales del siglo xv, fue en muchos aspectos discípulo de Van der Weyden. La decoración de las catedrales de Toledo y León, así como la de los palacios de los grandes nobles castellanos, fuen encargada a artistas italianos y flamencos. Los pintores españoles del período, como el Maestro de Sopetrán, el Maestro de Avila y Fernando Gallego, muestran unas influencias predominantemente flamencas.

El artista más destacado de todo el siglo xv fue Bartolomé Bermejo (muerto en 1498), de origen andaluz y cuyas principales obras fueron hechas para clientes catalanes. En 1490, el arcediano Luis Desplá le encargó la ejecución de su magnífica Piedad de la Catedral de Barcelona. En primer plano, una Virgen María austera y llorosa tiene en sus brazos el cadáver rígido de su Hijo crucificado. Un San Hierónimo turbado, pero tranquilo, observa la escena en un lado, mientras lee un texto sagrado. En la otra esquina aparece arrodillado el arcediano Desplá, sin afeitar, y mirando con profunda tristeza al Cristo muerto. En el tormentoso paisaje del fondo, detrás de la figura de San Hierónimo, aparecen un palacio y un molino de viento, delicadamente pintados y llenos de luz. Detrás del arcediano Desplá aparece una ciudad gótica, y en el portal de una casa de piedra una campesina observa tranquilamente la escena del Calvario. Todo el cuadro tiene esa grandeza arquitectónica y la riqueza decorativa procedentes de la centenaria tradición hispanoárabe y que alcanzará su máxima perfección en la obra de El Greco. Posee toda la intensidad emocional de la expresión, la calidad dramática y la dominante preocupación religiosa que caracterizan a la España de finales del xv y que pasarían al arte y a la literatura del Siglo de Oro.

Desde luego, resulta esencial el reconocimiento de la continuidad y el carácter asimilador del desarrollo de la literatura y la pintura de la España medieval. Geopolítica e institucionalmente, se puede considerar como una

13. Bartolomé Bermejo, *Pietà*.

unidad lógica el período comprendido entre 711 y 1492, desde la invasión árabe hasta el final de la Reconquista y el descubrimiento de América. Pero desde el punto de vista artístico y literario, la unidad más lógica sería la formada por el período comprendido entre el año 1100 y el 1700. En la primera de estas fechas se ve a la España cristiana comenzando a asimilar la tradición artística y arquitectónica de al-Andalus, así como los inicios literarios en un idioma que es claramente el antecedente del castellano moderno. Con la composición del *Poema del Cid* y los primeros frescos catalanes, se observan los poderosos comienzos de una tradición literaria y pictórica autóctona. A partir de ese momento y durante seis siglos la cultura española muestra unos rasgos constantes: la importancia de la tradición artesanal, la gran habilidad en el trabajo de materiales variados, el gran desarrollo de la arquitectura y de la decoración externa, las influencias intelectuales arábigas y judaicas, la tensión entre la ortodoxia y la heterodoxia, entre el autoritarismo y el pluralismo y la simbiosis entre los elementos conscientemente artísticos y los populares; en resumen, todos los rasgos que constituyen el denominador común y que han dado su sello peculiar a lo que conocemos como arte y literatura española clásica.

6. Las postrimeráas medievales

A los ojos de cualquier observador político inteligente de la España de 1460, el futuro de las monarquías castellana y aragonesa tenía forzosamente que resultar precario. El odio contra los judíos y conversos, contra los banqueros genoveses y los comerciantes catalanes no eran más que una manifestación aislada de los amplios movimientos de protesta social que se desarrollaron en el siglo xv. En la década de 1460 se produjeron importantes revueltas campesinas y de las clases urbanas inferiores en Galicia, Aragón y Mallorca. Carecemos todavía de estudios detallados sobre estas revueltas, pero en todas ellas aparecen como factores comunes el choque entre los intereses de los señores laicos y eclesiásticos y «una revolución de expectativas crecientes», basada en los grandes avances demográficos y económicos vagamente sentidos, cuando no claramente comprendidos, por todas las clases sociales.

Una lucha de este tipo fue la mantenida por los *payeses de remensa catalanes,* cuidadosamente analizada por el más importante historiador español del siglo xx, el desaparecido Jaime Vicens Vives. La *remensa* era el

precio en dinero que tenían que pagar los campesinos
a sus señores hereditarios para ser autorizados a aban-
donar la tierra. En parte se impuso para frenar el
éxodo de los campesinos a las ciudades. A mediados
del siglo xv se había convertido en el odiado símbolo
de las numerosas cargas con las que la nobleza terrateniente oprimía al campesinado. Al mismo tiempo, la
elevación de los precios y las pretensiones de elevación
del nivel de vida impulsaron a los nobles a una percepción más estricta de estas cargas que en los siglos
anteriores. Los campesinos acusaron no sólo este aumento real en los pagos en dinero, sino también la humilla-
ción que significaba el tener que comprar legalmente
su derecho a emigrar de los fundos. Tanto Alfonso V
como Juan II se habían mostrado predispuestos a la
abolición de la *remensa,* pero el patriciado urbano de
Barcelona, cuyos miembros se habían convertido también en grandes terratenientes, apoyó a la nobleza en
su lucha por impedir el aligeramiento de las cargas
campesinas. Al mismo tiempo, la decadencia del comercio mediterráneo de Barcelona había endurecido las
relaciones de la oligarquía mercantil con el artesanado
urbano y la mano de obra no especializada.

Los problemas económicos y sociales se vieron complicados por conflictos de tipo dinástico y regional.
En la década de 1460, cuando, como hemos visto antes
(*vid.* pág. 116-17) la oligarquía mercantil de Barcelona
se levantó contra Juan II, apeló al pueblo manejando el
arma del patriotismo catalán, y durante los diez años
de guerra civil que siguieron, todas las clases sociales
estuvieron divididas acerca de la cuestión regional. De
este modo, algunos señores se alinearon, junto con sus
enemigos de clase, los *remensas,* del lado del rey aragonés, mientras que otros señores y los campesinos más
pobres se declararon en favor de la independencia de
Cataluña. Del mismo modo, algunos mercaderes y artesanos antepusieron el nacionalismo catalán a sus intereses pragmáticos, otros se pusieron del lado de Juan II,
invocando la unidad nacional de Aragón y Cataluña y
apoyando la inteligente política económica del rey.

También Castilla, como Aragón, fue escenario de una guerra civil durante la década de 1460. Los campesinos se enfrentaron a las exacciones señoriales, y los ayuntamientos buscaron el apoyo de la corona en su lucha contra una nobleza turbulenta. Los campesinos y la burguesía urbana ofrecieron una resistencia conjunta a los nobles ganaderos cuyos rebaños invadían los campos cultivados. También eran presa de un creciente resentimiento contra los *conversos,* cuya situación económica era muy próspera y que ocupaban elevados cargos eclesiásticos y civiles. La estratificación en clases no tenía mayor rigidez que en la guerra civil catalana, pero se puede aceptar, como premisa general, que en la guerra civil entre los partidarios de Enrique IV y de su hermanastra Isabel, los grupos más pluralistas y tolerantes estuvieron de parte de Enrique, mientras que los más ortodoxos y tradicionalistas apoyaron a Isabel. Enrique había tenido una hija, Juana, en su matrimonio con una princesa portuguesa, pero una positiva campaña de difamación convenció a mucha gente de la impotencia del rey y de que la princesa era hija de un favorito, D. Beltrán de la Cueva. Isabel dudaba entre un matrimonio portugués o aragonés, y de su elección dependía la futura orientación de Castilla, hacia el Atlántico o hacia el Mediterráneo. Al mismo tiempo su herencia al trono castellano estaba completamente en el aire y sus cualidades políticas estaban aún inéditas.

Cuando en 1469 la obstinada princesa Isabel se casó con su primo Fernando, ninguno de los partidos en litigio disponía de seguridades acerca de la sucesión. Pero en 1474 Isabel heredó sin violencias la corona de su hermano, y en 1479 Fernando sucedió a su padre en Aragón y Cataluña. Súbitamente se convirtió en una posibilidad real la unión definitiva, bajo los dos primos de la casa Trastámara, de los reinos de Aragón y Castilla, gobernados por separado durante los cinco siglos anteriores y sacudidos ambos por guerras civiles durante la mayor parte del siglo xv.

Tanto Fernando como Isabel poseían una inteligencia destacada. Fernando era habilidoso, frío y valiente, muy hábil en sus manejos diplomáticos con los príncipes europeos y con unas cualidades bastante destacadas como jefe militar, demostradas en la década de la guerra de Granada. Carecía de sentimentalismo e idealismo. En su condición de monarca preocupado por la lealtad y prosperidad de sus súbditos, su máximo interés residía en la justicia y en los problemas económicos y financieros. Isabel tenía mayores inquietudes, que iban desde la música y la cultura humanista hasta las cuestiones políticas y económicas. Pero era también víctima de un gran fanatismo religioso, y compartía los prejuicios casi racistas de sus súbditos cristianos viejos hacia los judíos, conversos y mudéjares. Fernando conservó toda la soberanía sobre Aragón, y ambos gobernaban conjuntamente sobre Castilla.

El principal objetivo político de ambos monarcas fue el afianzamiento de su autoridad y el apuntalamiento de la posición económica de la corona. En Castilla, destruyeron los castillos de los nobles levantiscos y recuperaron para el dominio real muchas tierras e ingresos procedentes de impuestos enajenados por Juan II y Enrique IV. Aminoraron su dependencia con respecto a los conversos promocionando una nueva clase de funcionarios civiles, los llamados letrados, extraídos cuidadosamente de las familias de cristianos viejos. Apoyaron a la Santa Hermandad, una especie de fuerza policial federal formada por voluntarios y organizada por los ayuntamientos para su propia protección durante las guerras civiles. Fernando e Isabel controlaron las actividades de la Hermandad a través de un delegado regio, el obispo de Cartagena, y tanto el clero como la nobleza y las ciudades fueron obligadas al pago de impuestos para su mantenimiento. La Hermandad perseguía a los bandidos, a los disidentes políticos y a los «vagos» de todo tipo. La pena de muerte, aplicada por medio de una descarga de flechas, era el castigo normal para delitos como el incendio premeditado, el robo y la rebelión (cuya calificación concreta era difícil de precisar). Sus miembros compartían con Isabel los sentimientos de autojustificación típicos de los campesinos,

14. Los Reyes Católicos. Fernando: detalle del Altar Mayor, atribuido a Gil de Siloé. Isabel: retrato atribuido a Bartolomé Bermejo.

artesanos y soldados «Cristianos viejos», los «hombres olvidados» de la tardía Edad Media española. La reina se sirvió de ellos en su lucha contra la alta nobleza, así como para intimidar a las clases medias «desafectas» en potencia, en concreto los judíos y conversos.

La actuación económica de los Reyes Católicos tendió también a dar impulso al desarrollo de las clases medias. Unificaron los pesos y medidas y crearon una unidad monetaria segura, el *excelente,* de valor equivalente al ducado veneciano. Impulsaron las mejoras en los caminos y puertos y eliminaron de sus reinos gran cantidad de derechos de paso interiores. Para impulsar a la industria textil, sólo permitieron la exportación de los dos tercios de la lana castellana. Sin embargo, en los conflictos directos entre los intereses de los agricultores y de los ganaderos, favorecieron siempre a estos últimos. Prohibieron los cercados dentro de las nuevas tierras comunales puestas en cultivo en tiempo de Enrique IV, y autorizaron la tala de bosques para formar nuevos pastizales. Toda Castilla, desde los montes cantábricos hasta Sierra Morena, estaba cruzada por una serie de cañadas para el ganado lanar, sin cercar. Los conflictos sobre los límites de estas cañadas de ovejas se resolvían siempre a favor de la Mesta, órgano de los poderosos ganaderos. Los ayuntamientos y algunos campesinos audaces se quejaban continuamente ante los tribunales de las constantes invasiones de sus tierras. Una ley dictada en 1501 autorizaba a la Mesta a conservar todos aquellos campos que hubiera utilizado como pastos durante varios meses, incluso sin conocimiento de los propietarios.

Este descarado favoritismo hacia la Mesta, a expensas de los intereses de la agricultura castellana, estaba en parte originado por los propios intereses económicos de la corona. Mediante presiones políticas directas, la reina había conseguido el nombramiento de Fernando como Gran Maestre de las tres principales Ordenes Militares. Las Ordenes eran la principal potencia ganadera de España, y controlándolas, la Corona disponía de los enormes ingresos por impuestos recaudados de todos los ganaderos. Al mismo tiempo, dos grandes fuentes tradicionales de ingresos perdieron su importancia anterior. Hacia 1470, el oro sudanés, que antes había llegado al tesoro castellano a través de los tributos pagados por el reino de Granada, se encaminaba cada vez más a Portugal como consecuencia de la política ultramarina portuguesa en Africa. A la vez, a finales del siglo xv, los portugueses se habían interferido gravemente en el comercio de especias aragonés. En la década de 1480, los monarcas precisaron de grandes sumas de dinero para la guerra de Granada; pero no quisieron aumentar los impuestos que gravaban a las nuevas industrias metalúrgicas o de construcción de buques, ni hubiera sido políticamente factible aumentar los impuestos sobre las ventas locales. Por todos estos motivos, la corona dependía en mucha mayor medida de los ingresos procedentes de la ganadería, y se veía obli-

gada a favorecer los intereses de los ganaderos, olvidando los efectos catastróficos que podían producirse
en otras ramas de la economía.

La afirmación de que Fernando e Isabel trataban de
unificar plenamente las economías de Aragón y Castilla
resulta discutible. A pesar de haber eliminado muchos
peajes locales, no suprimieron las barreras aduaneras
entre ambos reinos. En los fondeaderos de los puertos
de Sevilla y Santander, y en las grandes ferias interna-
cionales de Medina del Campo, los mercaderes catalanes
eran considerados como extranjeros. Las finanzas castellanas estaban en manos de los banqueros genoveses,
y éstos habían sido los grandes rivales seculares de los
catalanes. El único elemento de unificación económica
entre ambos reinos fue la existencia de una moneda común. Tampoco quebraron los Reyes Católicos el poder
económico de la nobleza. Reforzaron su propia autoridad
política, pero al final de su reinado la nobleza poseía
o controlaba directamente el 97 por 100 de las tierras
españolas, y de ese 97 por 100 un 45 por 100 aproximadamente pertenecía a los obispados, capítulos catedralicios y a la pequeña nobleza ciudadana, mientras
el 52 por 100 aproximadamente correspondía a los
grandes señoríos o latifundios. La consecuencia general de su política fue reforzar el poder de aquella parte
de la nobleza que apoyaba políticamente a la corona,
y favorecer a los elementos de la clase media y campesina que poseían el estatuto de cristianos viejos,
siempre que sus intereses no entrasen en conflicto con
los de los grandes ganaderos de ovejas.

De ambos reyes, Isabel debía de ser la más «comprometida» desde el punto de vista ideológico. Tras
asegurar el control real sobre la nobleza y alcanzar el
apoyo de una base de opinión pública favorable al restablecimiento de «la ley y el orden», mostró su decisión
de culminar la reconquista territorial de España y lim-
piar ambos reinos de herejes y judíos. La guerra de
Granada ocupó toda la década de 1481 a 1491. Un
ejército compuesto por unos 30.000 hombres, especialmente adiestrados en la destrucción de cultivos, mo-

linos de grano y reservas de agua, llevaba a cabo aso-
ladoras incursiones cada primavera y otoño. Las colinas
del reino de Granada estaban jalonadas de fortalezas
de piedra, y los reyes tuvieron que traer especialistas
en artillería alemanes e italianos, que empleaban unos
cañones capaces de lanzar proyectiles, de piedra y metálicos, de un tamaño desconocido hasta entonces en
las guerras europeas. La exigencia de construir nuevos
caminos y puentes que pudiesen soportar el peso de la
artillería retrasó el avance. Una bula papal, declarando
oficialmente la cruzada, los sentimientos caballerescos
hacia la gran reina y las justas y banquetes ceremoniales
que se celebraban en los largos intervalos entre las campañas, elevaron el entusiasmo de la nobleza.

Los banqueros italianos y flamencos, así como los
judíos y conversos españoles, hicieron grandes empréstitos de dinero. Los Reyes ofrecieron generosas condiciones de rendición, prometiendo la libertad de cultos
y la perduración del derecho musulmán en el gobierno
local. Frecuentemente, en la práctica, su actuación no
tuvo nada de generosa. Durante los tres meses de asedio
a la ciudad de Málaga, en 1487, quemaron a numerosos
conversos y torturaron hasta la muerte a los cristianos
renegados. El financiero judío de la corona Abraham
Senior tuvo que pagar un rescate de 20.000 doblas para
salvar de la venta como esclavos en Africa a 450 judíos.
Después de la toma definitiva de la ciudad, un tercio de
la población se intercambió con prisioneros cristianos del
norte de Africa, otro tercio fue vendido como esclavos
y muchos cientos fueron distribuidos entre la nobleza y
otros soberanos amigos. Cien guerreros musulmanes convertidos al cristianismo fueron destinados a la guardia
papal, la reina de Nápoles recibió un regalo de 50 mujeres, y la reina de Portugal otro de 30.

La defensa militar granadina fue obstinada, y a menudo desesperadamente valiente. Las relaciones entre el
mundo cristiano y el musulmán a finales del siglo xv,
centradas cada vez más en torno a fanáticos conflictos
fronterizos o piráticos, tenían como características generales las promesas generosas, el comportamiento cruel

y la deportación y esclavitud de poblaciones enteras.
Por ello, los Reyes Católicos pudieron justificar siempre
su conducta alegando el trato soportado por los cautivos
cristianos en el norte de Africa. Aunque la guerra du-
rase diez años, el resultado final se conocía de antemano.
El problema logístico más importante era el de hacer
frente al pago de las tropas españolas y de los especialistas extranjeros, así como financiar la construcción
de caminos y puentes, las hostilidades del asedio y las
justas reales.

La reina Isabel encontró el remedio perfecto para
solucionar tanto sus problemas financieros como sus
preocupaciones religiosas, mediante la fundación de una
institución destinada a desempeñar un papel decisivo
en el mundo hispánico durante los tres siglos siguientes:
la Inquisición. En la España del siglo xv se conocía
perfectamente el funcionamiento y la importancia de
los tribunales inquisitoriales, tribunales que comproba-
ban la ortodoxia religiosa mediante un procedimiento
secreto y el empleo de torturas. En el Languedoc, a comienzos del siglo xiii, se creó una Inquisición papal,
dominada sobre todo por los frailes dominicos, para
terminar con la herejía albigense. Muchos fugitivos de
esta persecución religiosa se habían instalado en Aragón, por lo que la inquisición papal había funcionado
también en este reino. Pero los reyes aragoneses del
siglo xiii y de los dos siglos siguientes se resistieron
tenazmente a la implantación de la Inquisición, prefi-
riendo otra política más tolerante hacia los judíos, musulmanes y conversos de ambas religiones.

En Castilla no había habido motivos para la implantación de la Inquisición hasta el período de las conversiones masivas, entre 1391 y 1416. D. Alvaro de
Luna, favorito de Juan II y converso, pensó emplear
la Inquisición para destruir el poder de los numerosos
conversos aliados con la nobleza en oposición a su
propio poder personal. En 1451 se dirigió al papa Ni-
colás V pidiendo autorización para detentar el poder
inquisitorial. El consentimiento papal llegó justamente

después de la caída de D. Alvaro en 1453, y ni el siguiente rey castellano, Enrique IV, ni sus hombres
de confianza pensaron nunca en utilizar este poder.
Esta inacción inquisitorial molestaba especialmente al
fraile franciscano Alonso de Espina, un converso que
escribió y difundió tratados antijudíos desde su puesto
de rector de la Universidad de Salamanca.

Al poco tiempo de su acceso al trono, el papa Six-
to IV presionó a Isabel para la implantación de la Inquisición papal en Castilla. La respuesta de los reyes
fue una petición secreta, en 1478, para constituir una
Inquisición castellana. Las negociaciones duraron varios
meses, y al término de éstas el papa concedió no sólo
el control real para la nueva Inquisición, sino también
el nombramiento real de los obispos castellanos. La
publicidad de tales noticias sumió en la confusión a
la amplia y rica comunidad de conversos de Sevilla. Muchos regidores municipales buscaron refugio en las tierras de nobles amigos, acrecentando con ello las sospe-
chas de la reina sobre la lealtad de los refugiados y
de los que les acogían. Un pequeño brote epidémico
sirvió para preparar a la opinión pública para la primera
serie de muertes.

El primer *Auto de Fe* se celebró en Sevilla en fe-
brero de 1481. Según el testimonio del cronista de
la corte Hernando del Pulgar, también converso, en la
década de 1480 fueron quemados unos 2.000 herejes.
Las detenciones, cuando era posible, se hacían en secreto. Se forzaba a las familias al silencio y se confis-
caban inmediatamente las propiedades del sospechoso,
que de este modo quedaban disponibles para financiar
el coste del proceso y subvencionar la guerra de Granada. Se presionaba a las víctimas para confesar de plano
todas sus prácticas judaicas y denunciar a todas aquellas
personas conocidas que era verosímil hiciesen las mismas prácticas. La tortura era el procedimiento para
comprobar la veracidad de las alegaciones de demen-
cia o de inocencia, así como para completar la confesión. Se mantenían en secreto los nombres de los tes-

tigos de cargo que no podían ser interrogados por el acusado. Los testimonios de los parientes sólo podían emplearse contra el acusado, pero no en su defensa. Los judíos, musulmanes y el personal de servicio no podían declarar a favor del acusado, y cuando se le absolvía, sufría una amonestación solemne por haber atraído la atención de los informadores. La Inquisición real actuaba casi como un estado dentro del estado. Los inquisidores tenían derecho a alojamiento gratuito y estaban exentos de impuestos locales, así como de la jurisdicción tanto de los tribunales seculares como de los eclesiásticos. En conjunto, el carácter secreto del procedimiento, su autonomía, la protección de la corona y el recurso a los peores prejuicios de los ignorantes y supersticiosos bastaban para sumir en el terror a todos cuantos no estaban absolutamente seguros de su ortodoxia religiosa y de su ascendencia cristiano vieja. La atmósfera de Sevilla hacia 1480 era sólo comparable a la de la Alemania nazi o la Rusia soviética en la época de las sangrientas purgas de Stalin.

La Inquisición, al aplicarse especialmente a los conversos, produjo un retraso en el proceso de conversión de los judíos españoles. Pero para los principales inquisidores que en muchos casos, como en el de Torquemada, eran conversos, el principal enemigo eran los judíos, y su gran problema político era cómo relacionar a los judíos de forma inexorable con los crímenes de los conversos. En junio de 1490, un tal Benito García, cristiano desde hacía treinta y cinco años, fue detenido en Astorga cuando volvía de una peregrinación a Santiago. Se le encontró una hostia consagrada en su equipaje. En los seis días que duró la tortura dio los nombres de cinco conversos y dos judíos que habían participado con él en el asesinato ritual de un niño cristiano. Confesó que mediante el uso mágico del corazón del niño y de la hostia consagrada, intentaban provocar la muerte por ataques de locura de todos los cristianos, para así poder apoderarse los judíos de sus bienes. No se había informado de la desaparición de ningún niño en el pue-

blo de La Guardia, ni llegó a faltar, pero el inquisidor
general, el fraile dominico Tomás de Torquemada, dio
una gran publicidad a las confesiones, y en 1491 se
rendía ya culto al Santo Niño de La Guardia. (Todavía
hay una ermita cerca de Ocaña, al sur de Madrid, que
puede ver cualquiera.)

Torquemada aprovechó este incidente para presionar
sobre los reyes en favor de la expulsión de los judíos
de sus reinos. Durante la guerra de Granada, los monarcas habían recibido empréstitos de judíos y se habían
servido de ellos como recaudadores de impuestos, como
todos los reyes castellanos y aragoneses anteriores. También, como sus antecesores, habían promulgado leyes
anti-judías que sin embargo en la práctica se cumplían
sólo a medias. Por ello, los judíos se resistían a creer
que había llegado el final cuando Isabel firmó los de-
cretos por los que sólo les dejaba dos alternativas: la
conversión o la expulsión. Intentaron una vez más,
como en anteriores ocasiones, conmutar el duro decreto
por pagos en metálico. Pero la reina, segura de su
voluntad y tras haber terminado recientemente la reconquista de Granada, insistió en el cumplimiento estricto del decreto. Fernando dio su consentimiento como
co-soberano en Castilla, pero los judíos no fueron oficialmente expulsados de Aragón hasta la llegada al
trono de su nieto Carlos V.

Todo hombre razonable que admire las altas cualidades políticas de Isabel encuentra difícil explicación
a la destrucción por la reina, precisamente en los años
de mayor poder y prosperidad, de una gran parte de
los mejores recursos humanos de Castilla. Una explicación simple, pero importante, dada al problema es la
de su fanatismo, que incluía la idea de la pureza racial
en sus razonamientos. La reina tenía además perfecta
conciencia de las consecuencias económicas y sociales
de su política. En su carta al embajador papal en la
que se defendía de las duras críticas lanzadas contra
la Inquisición y que habían impresionado al mismo
papa, decía: «He provocado grandes calamidades y des-

poblado ciudades, campos, provincias y reinos, pero he actuado así por amor a Cristo y a Su Santa Madre. Mienten y calumnian los que afirman que he actuado por amor al dinero, pues nunca he tocado ni un solo maravedí de los bienes confiscados a los muertos. Por el contrario, se han empleado para educar y dar dotes matrimoniales a los hijos de los condenados».

Pero sería absurdo atribuir a las emociones personales de un gobernante toda una política tan coherente como el establecimiento del Santo Oficio y la expulsión de los judíos. El antisemitismo había ido en aumento en España desde la época de la Peste Negra, a mediados del siglo XIV. Los acontecimientos de los años 1391 a 1416 habían creado el problema de los conversos, sin «solucionar» el problema judío. A lo largo del siglo XV, el pueblo castellano había identificado progresivamente a judíos y conversos con la odiada nobleza. En medio del ataque generalizado contra la gran influencia económica y cultural de los conversos, la opinión pública había aplaudido la actuación de la antisemítica Hermandad y de su reina antisemita. Para los cristianos viejos, el hundimiento económico de la comunidad de los conversos para financiar la conquista de Granada, y la expulsión de los judíos, con la exigencia de dejar sus bienes de valor, eran procedimientos justificados de restituir a Castilla cuanto habían robado los judíos y conversos durante muchos años.

Con una óptica más general de todo el proceso histórico medieval, un soberano castellano o aragonés podría muy bien haberse hecho la siguiente pregunta: ¿era posible convertir en una sola nación a todos los variadísimos materiales humanos de España? ¿Cabía esperar el establecimiento de unas leyes y costumbres válidas para los ganaderos y soldados castellanos, para los navegantes cántabros y andaluces, para los campesinos y artesanos mudéjares, para los financieros, médicos o cartógrafos judíos y conversos? La respuesta debió de ser, y no sólo para Isabel, sino también para todos sus sucesores hasta finales del siglo XVIII: quizá, pero sólo sobre la base de una estricta unidad religiosa.

En la España de los siglos XVI, XVII y XVIII, los prejuicios raciales fueron un factor ocasional y secundario.
Pero todos los reyes dudaron de la lealtad de los judíos
y musulmanes convertidos, y se mostraron dispuestos
a sacrificar los intereses económicos e intelectuales españoles en aras de la necesidad dominante de alcanzar
una ortodoxia religiosa, que fuera una manifestación
de la unidad política. Los emires y califas de los siglos
IX y X, y los reyes cristianos desde el siglo XIII hasta
mediados del XV habían intentado consolidar regímenes
pluralistas, con tres comunidades religiosas diferentes
bajo un mismo poder político dinástico. Pero estos
intentos habían desembocado en guerras civiles o en
revueltas sociales, tanto en el siglo XI en al-Andalus
como en el siglo XV en Castilla y Aragón. Daba, pues,
la impresión que en España no podía haber un gobierno
pacífico si éste no se asentaba sobre la unidad religiosa.

El año de 1492 tuvo una importancia extraordinaria
en la historia de Castilla. Al mismo tiempo se terminó
la Reconquista, se expulsó a los judíos y se descubrió
América. Castilla contrajo drásticamente sus recursos
económicos e intelectuales en el preciso momento en
que estaba a punto de convertirse en una potencia mun-
dial. Volvió definitivamente la espalda al ideal del pluralismo cultural en el mismo momento en que iba a
ampliar su gobierno a comunidades indias de muy diferentes estadios culturales. Por fortuna para la humani-
dad, los gobernantes españoles no consiguieron imponer
la unidad religiosa y cultural que pretendían. Con los
menguados medios de coacción física y de control intelectual de que se ha dispuesto hasta el siglo XX, era
imposible contener las energías culturales de un gran
pueblo. Los frailes y hombres de negocios conversos
alcanzaron una gran importancia en el Nuevo Mundo,
lejos del centro de la ortodoxia forzada. Dentro de la
misma España, tanto los cristianos viejos como los nuevos resistieron el espíritu de la Inquisición y crearon
corrientes de pensamiento heterodoxo, que conservaron

gran parte del pluralismo medieval. Y la misma tensión entre las fuerzas de la represión y de los prejuicios, por un lado, y las de la forma de vida típicamente hispánica, abierta, cándida, alegre y enérgica, por otro, colaboró en la creación de las glorias literarias y artísticas del Siglo de Oro español.

Bibliografía *

Entre las historias generales que contienen capítulos valiosos sobre Edad Media, hay que destacar:

ALTAMIRA, R.: *Historia de España y de la civilización española,* Barcelona, Ed. Gili, 1906, 4 vols.

LIVERMORE, H.: *A History of Spain,* Londres, Allen and Unwin, 1966.

Altamira ha sido el historiador español más importante del primer tercio del siglo actual; sus juicios son abiertos y moderados. La obra de Livermore es especialmente útil debido a sus concisos y concienzudos resúmenes de cuestiones políticas e institucionales.

La obra de VICENS VIVES y NADAL OLLER, *Historia económica de España* (Barcelona, Ed. Vicens Vives, 1.ª ed. en 1955 y sucesivas ediciones) constituye el único trabajo general de valor sobre la historia económica española.

* Esta bibliografía fue redactada por G. Jackson para la edición inglesa del libro, por lo que menciona en primer término las obras escritas o traducidas al inglés. Para una bibliografía más completa puede verse J. A. GARCÍA DE CORTÁZAR, *La época medieval* (Historia de España Alfaguara, tomo II, Alianza Editorial, Madrid 1973) (N. del T.).

El libro de Roger B. MERRIMAN, *The Rise of the Spanish Empire*, vol. 1, *The Middle Ages* (Nueva York, Mac Millan, 1918), sigue siendo muy útil para la historia institucional y dinástica.

La obra de A. R. NYKL, *Hispano-Arabic Poetry and its Relations with the Old Provençal Troubadours* (Baltimore, J. H. Furst Co., 1946), contiene valiosas traducciones y notas históricas, aunque sea discutible la validez de la tesis que su título sugiere. James T. MONROE, en su libro *The Risála of Ibn García and Five Refutations* (University of California press, 1969), aclara los conflictos étnicos del período de los reinos de Taifas.

La «Jewish Publication Society of America» ha patrocinado dos excelentes obras de investigación: la de A. A. NEUMANN, *The Jews in Spain... During the Middle Ages* (Filadelfia, 1921, 2 vols.) y la de Yitzhak BAER: *A History of the Jews in Christian Spain* (Filadelfia, 1961 y 1966, 2 vols.*). La obra de Américo CASTRO, *La realidad histórica de España* (México, 1966, 3.ª ed., 479 págs.) se apoya en exceso en fuentes de tipo literario y valora excesivamente la importancia de sus análisis, por otra parte muy lúcidos, de las influencias islámica y judía. El libro de H. J. CHAYTOR, *A History of Aragon and Catalonia* (Londres, Methuen, 1933), es muy útil en cuestiones políticas e institucionales, y el de Evelyn S. PROCTER, *Alfonso X of Castile* (Oxford Clarendon Press, 1951), se ocupa sobre todo de cuestiones culturales. Robert I. BURNS, en su *The Crusader Kingdom of Valencia* (Harvard University Press, 1967, 2 vols.), da especial relevancia a los problemas de la frontera, en el siglo XIII, entre la España cristiana y la islámica, y Thomas F. GLICK, en su obra titulada *Irrigation and Society in Medieval Valencia* (Harvard University Press, 1970), estudia con detalle los famosos tribunales de aguas. El poder económico de los grandes propietarios de ovejas y vacas ha sido estudiado por J. KLEIN en *The Mesta* (Harvard University Press, 1920**). La obra de Henry C. LEA, *A History of the Inquisition of*

---

* Traducción castellana en prensa (Ed. Revista de Occidente, Madrid).

** Hay traducción castellana: Madrid, Revista de Occidente, 1932.

Spain (Nueva York, Mac Millan, 1906-7, 4 vols.) es clásica tanto por la investigación efectuada como por sus conclusiones. Un estudio reciente muy bueno es el de Henry KAMEN, *The Spanish Inquisition* (Londres, Weidenfeld and Nicolson, 1965 *). La obra de Jacques LASSAIGNE, *La peinture espagnole. De fresques romanes au Greco* (tomo VI de la col. «Peinture, Couleur Histoire», Genève, Skira, 1952) contiene tanto hermosas reproducciones en color como acertados comentarios.

Existen dos breves pero brillantes interpretaciones de la Historia de España: la de P. VILAR, *Histoire de L'Espagne* (París, P.U.F., 1947, col. «Que sais-je? ****), y la de J. VICENS VIVES, *Aproximación a la Historia de España* (Barcelona, Salvat, 1970).

La mejor historia general de la Edad Media española hasta 1212 es la de Luis G. de VALDEAVELLANO: *Historia de España* (Madrid, Revista de Occidente, 1955, 2 vols.). De gran valor también, por sus numerosas ilustraciones, detalladas notas a pie de página y la especial relevancia que concede a la historia de Aragón y Cataluña son los dos primeros volúmenes de la *Historia de España* de Ferrán SOLDEVILA (Barcelona, Ariel, 1959 y 1962). En la gran obra colectiva editada por Menéndez PIDAL, *Historia de España* (Madrid, Espasa Calpe), los vols. IV y V, *España musulmana 711-1031,* constituyen una traducción, con excelentes notas e ilustraciones de la obra de E. LÉVI-PROVENÇAL, *Histoire de l'Espagne musulmane* (París-Leyden, 1950-53). El vol. VI, *España Cristiana 711-1038,* sigue siendo el más completo en lo relativo a historia política y religiosa. La obra de R. P. DOZY, *Histoire des Musulmans d'Espagne* (editado por L.-Provençal, Leyden, 1932, y de cuya primera edición existe una traducción española, *Historia de los musulmanes de España hasta la conquista de los almorávides,* Madrid, Calpe, 1920, 4 vols.) sigue siendo la mejor obra de conjunto sobre la España musulmana, combinándose en ella el entusiasmo y perspicacia del gran historiador holandés con el análisis crítico más cuidadoso de las fuentes de su discípulo francés. Otras obras de gran valor sobre el período islámico son: Henri PERES, *La poésie andalouse en arabe classique* (París, Adrien-Maison-

---

* Hay traducción castellana: Ed. Grijalbo, Barcelona, 1967, y Alianza Editorial, Madrid, 1973.
** Hay traducción al castellano: Eudeba, Buenos Aires, 1967.

neuve, 1953); E. García Gómez, _Poemas arábigo-andaluces_ (Madrid, Plutarco, 1930); A. Prieto Vives, _Los reyes de taifa_ (Madrid, Centro de Estudios Históricos, 1926), y Henri Terrasse, _L'Islam d'Espagne_ (París, Plon, 1958).

Las obras de Claudio Sánchez Albornoz, _España, un enigma histórico_ (B. Aires, Ed. Sudamericana, 1962, 2 vols.) y _Estudios sobre las instituciones medievales españolas_ (México, D.F. 1965), son indispensables tanto por sus datos como por las interpretaciones contenidas, si bien la primera está teñida de antisemitismo. Contienen útil información sobre los diferentes grupos religiosos y nacionales, las obras siguientes: _La vie quotidienne des musulmans au moyen âge,_ de Aly Mazahéry (París, Hachette, 1951); _Los mudéjares,_ de I. de las Cagigas (Madrid, Escelicer, 1948, 2 vols.), y _Les français en Espagne au XIème et XIIème siècles_ (París, P.U.F., 1949), de Marcel Defourneaux.

Obras particularmente importantes para la comprensión de diferentes aspectos de la Reconquista son:

Menéndez Pidal, _La España del Cid_ (Madrid, Editorial Plutarco, 1929, y muchas otras ediciones posteriores revisadas).

J. M. Lacarra (editor), _La Reconquista española y la repoblación del país,_ Zaragoza, 1951.

J. González, _Repartimento de Sevilla,_ Madrid, 1951, 2 vols.

Huici Miranda, _Las grandes batallas de la Reconquista durante las invasiones africanas_ (Madrid, Instituto de Estudios Africanos, 1956).

Obra pionera sobre las instituciones de gobierno del reino de Aragón fue la de Ludwig Klüpfel, _Verwaltungsgeschichte des Königreichs Aragon zu Ende des 13. Jahrhunderts_ (Berlín, Kohlhammer, 1915). Como estudios económicos recientes, que han significado una profunda renovación, hay que señalar: A. Masiá de Ros, _La Corona de Aragón y los estados del norte de África_ (Barcelona, 1951), y C. E. Dufourcq, _L'Espagne catalane et le Magbrib aux XIIIème et XIVème siècles_ (París, P.U.F,. 1966).

Sobre arte medieval español, son obras importantes: Juan de Contreras, Marqués de Lozoya, _Historia del Arte Hispánico,_ vol. 2 (Barcelona, Salvat, 1935); E. Camps Cazorla, _El arte románico en España_ (Barcelona, Ed. Labor, 1935), y Henri Terrasse, _L'Espagne du Moyen Age_ (París, Fayard, 1966). Fundamentales para la comprensión de las revoluciones sociales

del siglo XV y de la situación de base de la España de los Reyes
Católicos, son cuatro obras del difunto J. VICENS VIVES, *Juan II
de Aragón* (Barcelona, 1953), *Historia crítica de la vida y reinado de Fernando II de Aragón* (Zaragoza, 1961), *Historia de
las remensas en el siglo XV* (Barcelona, Instituto «Jerónimo
Zurita», 1945), y *El siglo XV. Els Trastàmares* (Barcelona, Teide,
1956); también la obra de Orestes FERRARA, *L'avènement d'Isa-
belle la Catholique* (París, Albin Michel, 1958), ligera revisión
del estudio original publicado en español con el nombre de
Un pleito sucesorio (Madrid, 1945). Hay también muchos trabajos importantes que solamente han aparecido en revistas es-
pecializadas, entre las que destacan: *Al-Andalus* (Madrid), *Bul-
letin Hispanique* (Bordeaux), *Hispania* (Madrid), *Spanische For-
schungen der Görres Gesellschaft* (Münster, Westfalen) y *Cua-
dernos de Historia de España* (Buenos Aires).

Hay finalmente que señalar que muchos de los historiadores
antes citados han escrito otros numerosos artículos y libros
que deben leer todos los interesados en la España medieval:
Américo Castro, J. M. Lacarra, E. Lévi-Provençal, Ramón Me-
néndez-Pidal, Claudio Sánchez-Albornoz, Ferrán Soldevila y J.
Vicens Vives.

GOBERNANTES DEL PERIODO

REYES DE ASTURIAS		REYES DE LEÓN		EMIRES Y CALIFAS OMEYAS DE CÓRDOBA	
Alfonso I	739-757			Abd al-Rahman I,	756-788
Fruela I	757-768			Hisham I	788-796
Alfonso II (el Casto)	791-842			al-Hakam I	796-822
Ramiro I	842-850			Abd al-Rahman II	822-852
Ordoño I	850-866			Muhammad I	852-886
Alfonso III (el Magno)	866-910			al-Mundhir	886-888
		Ordoño II	914-924	Abdallah	888-912
		(hijo de Alfonso III)		Abd al-Rahman III	912-961
		Ramiro II	931-951	al-Hakam II	961-976
		Ordoño III	951-956	Hisham II	976-1009
		Sancho I	956-966		
				al-Mansur (Almanzor) (dictador en Córdoba)	hacia 967-1002
		Fernán González			
		(Conde de Castilla) hacia 910-970		Reyes de Taifas	1009-1090
				Almorávides	1090-1147
				Almohades	1147-1212

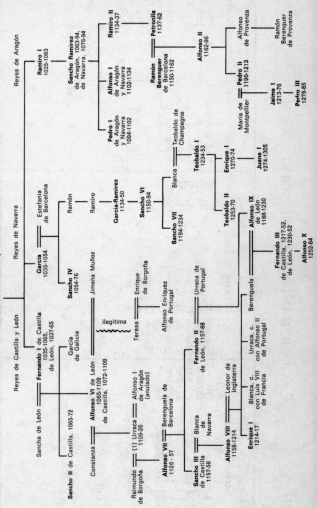

REYES ESPAÑOLES (1000-1285)

Sancho III de Navarra y Castilla, 1000-1035

CASA REAL DE CASTILLA (1252-1504)

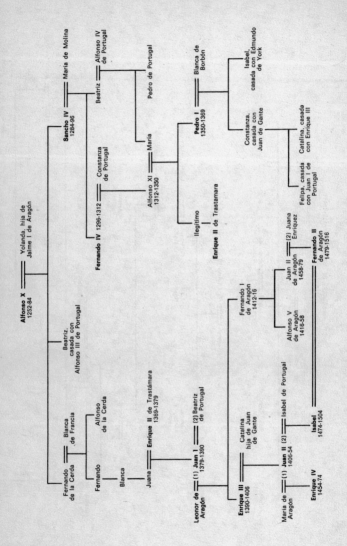

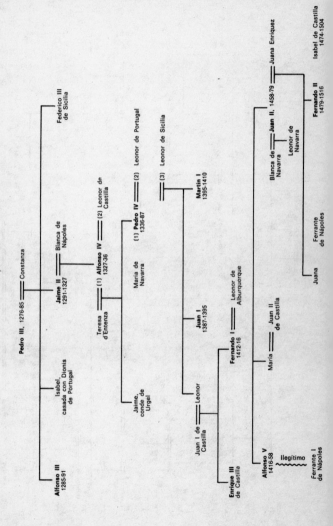

CASA REAL DE ARAGON (1276-1516)

Indice

El Libro de Bolsillo   Alianza Editorial   Madrid

Ultimos títulos publicados